ことばをこころに

～私の話しことば実践の四年間～

まえがき

本書は、高知大学教育学部附属小学校における、四年間にわたる私の話しことばの実践の記録を中心にまとめたものです。

二〇一二年四月三日（火）の朝は雨になりました。私は、雨に散る桜を右手に見つつ、高知大学教育学部附属小学校の門を通り、本館玄関に入りました。設けられた靴箱には、歓迎のことばを添えて、描かれたチューリップの花が切り抜いて張られていました。先生方の、心づかいに緊張感がほぐれていきました。初めて高知大学附属小学校に校長として登校した朝のことは、なお、忘れがたく心に残っています。以来、二〇一六年三月末日までの四年間を校長（兼務）として勤めさせていただきました。

この間、自らに課したことが、三つありました。一つ目は、授業を参観し、授業に学ぶために一〇〇の実践記録を作成すること。これは三年目に終えることができました。二つ目は、先生方の息づかいが感じられる、すぐ側に身を置くようにすることでした。実行は難しいところがありましたが、姿勢を貫くことはできたと思います。

三つ目が、話しことばの実践を行うことでした。自らの話しことばを生き生きと心に届くものにしたい、自らの話す力を高めたいと考えました。また、話しことばのもつ力を学校に少しでも根づかせたいとの思いもありました。

校長としての話しことばの実践には、式辞・講話・挨拶・講評・報告などがあり、その対象は、主に児童・教職員・保護者でした。そのいずれについても、話しことばの実践の機会として取り組もうとしました。年度ごとの実践の合計は、二〇一二年度　六六回、二〇一三年度　七三回、二〇一四年度　五八回、二〇一五年度　六五回でした。四年間の総計は二七二回に及んでいます。この内、予定されたものは、あらかじめ書き整えて覚え、繰り返して身についたものになるよう努めました。実際に話すときには、反応を見つつ柔軟にことばをえらんで話すことも心がけました。その場で求められたものについては、話し終えた後に記録して残しました。四年間にわたる、入学式・卒業式の式辞、全校児童への話（講話）などのすべてを下書き等に頼ることなく話しことばの実践として徹底できたことは、大きな喜びとなっています。

しかし、一方でことばを心に届けることの難しさも痛感しました。とりわけ、児童向けの話は時間をとって準備して臨みましたが、一学年から六学年までがそろう「全校朝の会」での話は、少し難しくなれば、一・二年生の頭が、集中を切らしてぐらぐらと揺れてきました。ことばを補い、易しく言い換えたり、物や映像を見せたり、分かりやすいエピソードを入れたりと工夫をしてみましたが、十分ではありませんでした。内容が易しくなれば五・六年生は退屈することになります。全員が、興味を持ち、心を寄せて聞き、心に残る話をすることは、私の話しことば実践の大きな課題として残っています。

本書では、四年間に行った話しことばの実践の記録を一部を除いて、まえがき・あとがきを別に、一　児童の明日に向けて　二　児童の成長を見つめて　三　教職員の皆さんとともに　四　保護者の皆さんとともに　五　教友会の皆さんとともに　六　研究の推進を求めて、の六章に分けて集成し、一書としました。

「一」は、「全校朝の会」で行った話です。

「二」は、児童の各種行事においておこなった話をまとめました。

「三」は、職員会や職員との懇親の場などで行ったものです。

「四」は、PTAの各種行事や懇親の場で行ったものを集めた他、PTA機関誌『なにわいばら』に書いたものを入れています。

「五」には、「教友会」の集まりで行った挨拶他を集めています。「教友会」は、会員相互の友誼を温め、附属小学校の発展に資することを目的に退職教員、および現職教員によって組織された会です。

「六一」には、県内外の教職員・講師・助言者を集めて開かれた、附属小学校主催の研究会で行った挨拶を集め、併せて、高知大学教育学部附属小学校編・刊『研究紀要』の巻頭言を収めました。

四年間における話しことばの実践は、新鮮で多様な話題を基に行うことを願っていましたが、こうして集成すると同類のテーマが多いことにも気づかされます。それは、広がりを欠いた私自身の興味・関心の有り様と視野の狭さを突きつけるものとなっています。しかし、そのどれもが時々の思いを寄せて語りかけたものです。その個々の話は、短いものも含めて私にとってかけがえのない話しことばの実践です。それぞれの話を通して、私の児童への思い、教職員、保護者への思い、なすべき教育への思い、高知大学教育学部附属小学校への思いを読み取っていただければ幸いです。

二〇二一年二月一〇日

渡辺　春美

ことばをこころに／目次

一　児童の明日に向けて――「全校朝の会」を中心に

1　若葉の美しい季節（二〇一二年度）

(1) 若葉の美しい季節―始業式の話

桜が散り、若葉の美しい季節になりました。今日から新しい学年の始まりです。今日は、私から二つのことを話します。

一つは夢についてです。四年生の男の子が新聞に書いていました。

僕は、お父さん、お母さん、おじいちゃん、おばあちゃんに育てられました。学校の先生や塾の先生のお世話にもなりました。病気になったときには病院の先生に助けてもらいました。近所のおじさん、おばさんにも支えられました。みんなの世話になったので、みんなのためになるお医者さんになってみんなの役に立ちたいと思います。これが僕の夢です。

皆さんは自分の夢を持っていますか。ぜひ自分の夢を持って貫いたいと思います。

もう一つは、夢中になるものを持ってもらいたいということです。スポーツ、サッカーでもよいし、野球でも、読書でも、動物を飼うことでも、歴史を知ることでもよい、坂本龍馬のことを知ることでもよい。夢中になるものを見つけてほしいということです。

さあ、夢を持って、夢中になるものを見つけて、この新しい一年をしっかり学んでいきましょう。

（二〇一二年四月九日）

(2) よく見る目と感じる心を育てる

昨日は、一日雨が降りました。雨の日は外で遊べなくていやだと思うかもしれません。しかし、喉が渇いたら水がほしいように、雨は、人間にとっても、動物にとっても虫にとっても必要です。木々や果物や野菜もたっぷりと雨がほしいのです。

今日は、雨が上がりました。周りの樹を見て下さい。たっぷりと水を吸って若葉が美しく輝いているようです。ツバメが飛び、蝶々も飛び始めます。美しい季節の始まりです。

朝小学校に来る途中、たんぽぽが咲いているのを見ました。

小学校二年生が、「たんぽぽはきらきらひかるおひめさま」（福島県・本郷一小・二年・さとうあかね）という俳句を作っています。六年生は、「たんぽぽのわたげは白いパラシュート」（秋田県・米内沢・六年・酒岡美由樹）という俳句を作っています。

蝶々の俳句もあります。「ちょうちょうさんなのはないろのふくきてた」（東京都・島根小・一年・こばやしゆりこ）。一年生の俳句です。

つばめの俳句です。「さようならすぐにちいさくなるつばめ」（福島県・門田小　一年おおおかしおう）。これは一年生です。四年生は、「青空にきりこむようにつばめとぶ」（福島県・小西小・四年・越智　茜）という俳句を作りました。

俳句を作った児童は、よく観察して、よく感じ取ったことを俳句に表しています。

皆さんも、この美しい季節に、周りにあるものをよく観察して、目と感じる心を育ててほしいと思います。もし、俳句を作ったら、私にも見せて下さい。

（二〇一二年四月二三日）

(3) なにわいばら ― 清らかな愛 ―

皆さん、お早うございます。皆さんが附属小学校に来るときに、また附属小学校から帰るときに、小学校の垣根にそって白い花がたくさん咲いていることに気がついていると思います。その花の名前は、なにわいばらです。私は、朝、その白い花を見ると、爽やかな気持ちになります。学校に来るときには、私たちを迎え、帰る時には見送ってくれているような気がします。

この花は、実は、元々は日本の花ではありません。昔、およそ一七〇〇年ころ、江戸時代に中国から伝わってきた花だと言われています。なにわいばらという名前の「なにわ」は、今の大阪の古い名前です。大阪の商人が中国からたくさんの物を買って帰るときに、持って帰った花だそうです。ですから大阪の古い名前の「なにわ」が花の名前についているのです。

この花、なにわいばらの花ことば、花の心は、清らかな愛です。優しさもこの花の心でしょう。

皆さんの多くは、家を出るときに、お父さん、お母さんに行ってらっしゃいと声をかけてもらったでしょう。その時のお父さん、お母さんの心は、なにわいばらの花の心、優しさと同じです。皆さんが、優しい気持ちで友達と仲良くします。友達の良いところにしっかりと気づいてあげます。その時の気持ちも、なにわいばらの花の心と同じだと思います。先生方が、いろいろなことを一生懸命に教えて下さいます。その時の先生方の心も、きっと花の心と一緒だと思います。

なにわいばらの花は、まもなく散ってしまうでしょうが、花の優しい心が、私や皆さんの心の中に育って、附属小学校が優しさで一杯になればいいと、私は思います。

これでわたしの話は、終わりです。

（二〇一二年五月七日）

(4) 優しい心で見守る　トキとカラス

今日は、鳥の話をします。皆さんはトキを知っていますか。今年、トキの雛が生まれました。八羽の内、六羽は大きくなって巣から飛び立ちました。一羽は巣から落ちて、行方不明になり多くの人が心配しましたが、無事であることが分かりました。

トキは、体の長さが七五センチメートル、黒くて長いくちばしがあり、顔は赤色です。全体に羽は白ですが尾羽は薄い橙色をしています。羽を広げると羽の内側が、尾羽の色と同じように薄い橙色になっています。小魚、泥鰌や蟹、タニシなどを食べます。国の特別天然記念物になっています。トキが朝日を受けて飛ぶとき、また、夕陽を浴びて飛ぶときには、羽が橙色に輝いてたいそう美しいそうです。

トキは、昔は全国で見ることができたそうです。しかし、今では新潟県の佐渡島にしかいません。日本の野生のトキは一九八一〈昭和五六年〉年に絶滅しました。一九九九年〈平成一一年〉からは、中国から贈ってもらい、飼育してきました。二〇〇八年から、自然に帰してきました。今年、一九八一年〈昭和五六年〉から三六年ぶりに雛がかえり、五月末に巣から飛び立っていきました。このことはテレビでも報道されましたから、皆さんの中には知っている人もいるでしょう。たくさんの人が、卵から雛が孵り、巣から飛び立つのを、多くの人がはらはらしながら優しい気持ちで見守り、応援しました。

私たちが、優しい気持ちで見守るのは美しいトキだけではありません。真っ黒のカラスを、皆さんはどう思いますか。カラスについても、カラスが鳴くのはかわいい七つの子があるからと歌にあります。また、子どもは、丸い目をしたいい子だよと歌われます。多くの人が、カラスについても、また他にも雀や燕についても、同じように見守ってきたと思います。

優しい気持ちで見守り、一生懸命雛を育てる姿や、巣から飛び立っていく姿を見ながら、私たちは、勇気や励ましや、感動をもらって、私たち人間は心豊かに暮らしていくことができるのです。

（二〇一七年六月一八日）

(5) 思い出に残る夏休みを ― 一学期終業式

皆さん、お早うございます。

さて、今日の終業式の意味は、これで一学期は終わり、明日から夏休みになるということではありません。終業式は、新しく出発するために、締めくくるためのものなのです。ですから、今日、皆さんは、配られる「あゆみ」を見て、自分のよいところを見つけ、反省するところも見つけ、自分のどこを伸ばし、どこを改めればよいかしっかり考えることをしなければなりません。そのようにして、夏休みに向けて出発できるのですし、楽しく二学期を迎えることができるのです。

明日からは、いよいよ夏休みです。これから夏休みをむかえる皆さんは、日頃やれないことにチャレンジしてもらいたいと思います。夢中になってやれることを見つけて、時間をかけて取り組んで貰いたいと思います。ただ、一つ、事故には、気を付けて下さい。特に交通事故、水の事故です。

水の事故には、悲しい思い出があります。私は、その時五年生でした。六年生に菊池君という男の子がいました。背が高く、スポーツマンで、足が速く、運動会ではよく目立つ子どもでした。全校の誰もが知っている子どもでした。今でも思い浮かべることができます。夏休みが終わる少し前にその子が、近くの川で溺れ、亡くなったのです。菊池君は、夕方、川に出かけ、それほど深くない所で泳いでいて、溺れたということでした。私は、あのスポーツマンの菊池君が、溺れたということが信じられませんでした。ご家族はどのくらい辛い思いをされたでしょうか。先生や、友だちは、どんなに悲しんだでしょうか。事故は、油断すれば誰にでも起こります。自分は大丈夫だと思わないで、決まりをまもり、しっかり気を付けなければなりません。

さあ、事故に気を付けて、チャレンジし、思い出に残る、有意義な夏休みを送って下さい。

（二〇一二年七月二〇日）

(6) 夢に向かって進もう

皆さん、お早うございます。皆さんが、交通事故や水の事故に遭うことなく、また大きな病気にかかることもなく、元気に二学期をむかえたことを、嬉しく思います。

さて、皆さんの夏休みはどうでしたか。どんなことが一番思い出として心に残っていますか。海水浴に行ったこと、キャンプに行ったこと、家族で旅行に行ったこと、感動的な本にであったことなど、たくさんのことが心に残っていることだと思います。

私は、オリンピックが一番心に残っています。皆さんの中にも、オリンピックに感激した人が多くいると思います。水泳、火の鳥日本のバレー、なでしこジャパンのサッカー、愛ちゃんの卓球、レスリングなどが、強く心に残っています。

私の心に特に強く残っているのは、内村航平さんの体操です。金メダル確実とされていたのに、得意の鉄棒でコールマンという難しい技を行い、失敗して鉄棒から落ちました。金メダルを取りたいと思っても、実際に金メダルを手にすることは、難しいのですね。しかし、内村航平さんは、失敗から再び自分を信じて立ち直り、美しい体操を目ざして演技をし、個人総合で金メダルに輝きました。

この内村航平さんは、三歳ころから体操を始めたそうです。小学5年生のころにオリンピックにいくと文集に書き、オリンピックへの夢を目ざして厳しい練習を行ったのです。小さい頃からの夢は、ロンドンのオリンピックで金メダルに結びついたのです。

私は、皆さんが、それぞれ自分の夢を持って、夢に向かって努力して欲しいと思います。すぐに実現することは難しくても、あきらめず、努力することで夢はいつかは実現していくと信じています。私は年を取っていますが、私も夢を持っています。私も、夢の実現を信じて、皆さんと一緒に努力したいと思っています。

さあ、今日から二学期です。夢の実現に向かって一緒に進みましょう。

（二〇一二年九月三日）

(7) 釜石の奇跡

皆さん、お早うございます。今日は、地震の話をしたいと思います。

先日、南海トラフで最大の地震が起きた場合、高知県では地域によっては三〇メートルを超える津波が襲うというニュースがありました。高知市は、最大一六メートルの津波が来るということです。地震と津波で高知県だけで四九〇〇〇人が亡くなるという予想も出されました。大地震が起こったとき、私たちはどうすれば助かるのでしょうか。

去年三月一一日の東北大震災の時に生きのびた釜石小学校の子どもたちが、その方法を教えてくれています。

釜石市を大津波が襲った時、児童は学校にはいませんでした。児童は、下校途中だったり、友達の家や公園で遊んでいたりとばらばらで、中には海に魚釣りに行っていた子もいました。しかし、釜石小学校の児童一八四人は、全員が無事だったのです。

ある一年生の男の子は、家に一人でいましたが、学校で教えられていた通り、避難所に逃げて助かりました。五年の和田瑠駆《るうく》君は、川近くで遊んでいました。地震のすぐ後、両親のいる商店街の美容院に向かおうとしました。すると、友達が、「高い所に逃げなくちゃ」と引き留めて、高台の公園へ逃げて助かりました。お父さん、お母さんのいる美容院に行っていたら、助からなかったでしょう。

では、どうして釜石小学校の児童は、助かったのでしょうか。児童は、昔から伝えられていた、〈津波てんでんこ〉ということを実行したのです。〈津波てんでんこ〉というのは、一人ひとりが逃げろということです。おじいさん、おばあさん、お父さん、お母さんら家族も皆それぞれ逃げていることを信じて、まず自分で高台に逃げろという教えなのです。

大地震は、いつ来るか分かりません。必ず来ると言われています。もし大地震が来れば、必ず津波が来ます。私たちは、釜石小学校の児童のように、〈津波てんでんこ〉の教えを守り、一人一人が高台に逃げなければなりません。このことをよく覚えて、自分で自分の命を守りましょう。

（二〇一九年九月一〇日）

(8) 山中伸弥教授のノーベル賞受賞

皆さん、おはようございます。

一〇月八日、ノーベル賞（医学生理学賞）が、京都大学の山中伸弥教授に贈られることが発表されました。皆さんも、テレビや新聞で知っていると思います。山中伸弥先生が、ips 細胞（induced pluripotent stem cell　人工多能性幹細胞）を開発したことが、受賞の理由です。

皆さんの体は、皮膚も、髪も、心臓も骨も目に見えない細胞といわれるものから出来ています。皮膚には皮膚の、髪には髪の、そして心臓や骨にはそれぞれの決まった細胞があるのです。

山中教授の開発した ips 細胞は、人間の皮膚などから人工的に作られた細胞で、心臓にも骨にも、何にでもなることのできる細胞です。だから「万能細胞」といわれるのです。

ips細胞を利用することで、将来は、心臓の悪い人、脊髄を痛めて車椅子生活をしている人などの病気を治すこともできるそうです。ips細胞の開発は、人類の未来を幸せにする大きな可能性を持っているのです。

ips細胞は、簡単に開発された訳ではありません。何度も開発に失敗してやっと成功したものです。山中伸弥教授は、若者に向かって、ヴィジョンを持ってたくさん失敗してくださいと呼びかけています。私たちも、夢や目標を持って失敗をおそれずにチャレンジして行きたいものです。

（二〇一二年一〇月一五日）

(9) 私の夢と願い

皆さん、お早うございます。

今日は、外国語で挨拶してみたいと思います。Every body, good morning. My name is Harumi Watanabe. さて、この外国語は英語ですね。それでは、次は何語でしょうか。ヨロブン、アンニョンハセヨ。チョーヌン、ワタナベハルミ　イミニダ。今話したのは、韓国語です。

以前に私の夢について、いつか話しますということで、私の話を終えたことがありました。そこで、今日は、皆さんに私の一つの夢を話したいと思います。

私の夢は、英語とアジアの国のことばひとつを勉強したいということです。たとえば、韓国語を勉強して、韓国に行って、自然の美しい場所、文化や歴史の町を訪れてみたいと思います。そして、韓国の人といろいろな話をしてみたいと思います。できれば、話をして、親しくなりたい、友だちになりたいと思うのです。私が、韓国に行きたいと連絡すれば、いつでもどうぞ、大歓迎です。案内します。このように言ってくれる友だちが欲しいのです。反対に、友だちが日本に来たいといえば、どうぞ来て下さい、大歓迎ですといって迎えたいと思います。韓国のことを思えば、その友だちのことが浮かんでくる、韓国の友だちが日本と聞くと私のことを思い出してくれる。そのような友だちが、韓国語をとおしてできればいいと思うのです。

今、世界のあちこちで戦いが起こっています。国と国の対立、民族と民族の対立があります。このような中で、どのように平和な世界にすればよいでしょうか。私は、人と人がお互いに理解し合って仲良くなることが一番の方法だと思います。

今日は、私の夢から話が広がりました。英語とともにアジアの国のことばを勉強したいという私の夢と私の願いについて、今日は紹介してみました。（二〇一二年一一月一二日）

(10) 命の話

皆さん、お早うございます。

今日は、命について話をしたいと思います。

日野原重明さんという、お医者さんがいます。一九一一年の生まれですから、現在、一〇一歳（当時）ですが、いまもお医者さんです。この日野原重明さんは、『いのちのおはなし』という絵本の中で、命は、時間だと言っています。皆さんは、友だちと一時間目の授業、二時間目、三時間目と授業を一緒に受けてたくさんのことを勉強します。そうすることができるのも、命があるからだというのです。時間を使うことができるからだというのです。だから、命を奪うというのは、時間を奪うことなのですね。無くなった人、死んだ人には、時間がないというのです。

日野原重明さんは、命を大切にするということは、時間を無駄にしないことだと言っています。時間を無駄にせず、遊ぶときにはよく遊び、運動するときには思いっきり身体を動かし、勉強する時には、しっかり勉強する。そうすることが命を大切にすることになるのですね。日野原重明さんは、さらに、大事なのは、人のためにも命を使う、時間を使うことだと言っています。誰かを手伝ってあげる。助けてあげる。仲良くする。協力する。そうすることで、命は輝き、時間も充実していくのだと思います。

皆さんも、どうぞ命を大事にし、人のためにも時間を使うようになってください。これから私も、命を大事にし、時間を無駄にしないようにしたいと思います。そして、小さな事からでも何か人のためになることをしたいと思います。

（二〇一二年一二月一〇日）

(11)「一年の計は元旦にあり」

皆さん、お早うございます。

明日から、いよいよ冬休みに入ります。冬休みの期間中にはクリスマスやお正月があります。皆さんはどのように過ごすのでしょうか。

私は、冬休みに二つのことをします。一つは、初詣です。大晦日の日の一二時、新年になるのを待って、すぐに、近くの神社にお参りに行きます。そこで、神様に三つのことをお願いします。最初は家族の健康と安全です。次は家族の一人一人がそれぞれに力を出して幸せに暮らすことです。最後は、私の研究が進むことです。そして、おみくじを引きます。今年は、中吉でした。新年には大吉を引きたいと思います。

もう一つすることは、計画を立てることです。今年のことを反省して、新しい一年間に何をするかを計画します。その中心は、研究です。どんな研究をするか、どんな本を書くか、などを計画して紙に書きます。

初詣と計画を立てることの二つが、必ず冬休みにすることです。

さて、その紙に書いた計画は、私の先生にお見せします。そして、意見を言ってもらうのです。先生に見せると、頑張って実行しようという気持ちになります。そのできあがった計画は、机の前に張っておきます。そのようにして、いつも見て、できるだけ努力して、計画を実行しようとするのです。

皆さんは、「一年の計は元旦にあり」ということを知っていますか。一年間の計画は、新年の初めにするのがよいということです。

皆さんも、新しい年の計画を冬休みに立てませんか。そして、私と一緒に、新しい気持ちで努力していきませんか。私は、たくさんの皆さんが計画を立てて、その実現に努力することを期待しています。

それでは、皆さん、よいクリスマスと良い年を迎えて下さい。（二〇一二年一二月二〇日）

(12) 私の期待

皆さん、新年おめでとうございます。

皆さんが、冬休みを楽しく過ごし、大きな病気や怪我、事故に遭うことなく始業式を迎えることができたことをうれしく思います。

さて、皆さんは、人間と人間以外の動物との大きな違いは何だと思いますか。道具を使うかどうか、ことばを使うかどうかとか、いろいろな考えがあるかもしれません。私は、大きな違いは、二つあると思います。

人間と動物との違いの一つは、希望や夢を持つことだと思います。人間だけが願いを持ち、夢や希望を持つことができるのです。私は、人間らしい生き方として、皆さんに夢や希望をもって欲しいのです。そして、それを実現するために計画を立て、努力して欲しいと思います。終業式で、皆さんに計画を立てましょうという話をしました。もう計画を立てたという人もいると思います。私も今年の目標と計画を立てました。ぜひ多くの皆さんも夢や希望を持って、その実現のために計画し努力して欲しいと思うのです。

もう一つは、他の人の気持ちになって考え、優しくすることができることだと思います。友達が悲しんでいるときは、その悲しみを想像し、一緒に悲しむことができます。慰めてあげることもできるでしょう。そして悲しんでいる友だちに優しくすることができると思うのです。他の人の悲しみを想像して優しくすることができるということが、人間らしいことだと思うのです。

私は、皆さんが人間らしく、この一年、希望や夢、願い事を持って、計画し、努力して希望や夢、願い事を実現していって欲しいと思います。また、友達や家族、その他の人を思いやって、優しくすることができるようになって欲しいと思います。これが、新年の私の願いであり、期待です。

これで、私の話を終わります。

（二〇一二年一月七日）

(13) 挨拶は心の握手

皆さん、お早うございます。

私は、月曜日と水曜日の朝は、正門に立って、登校してくる児童の皆さんに挨拶をしています。多くの皆さんは、私が「おはよう」「おはよう」「おはよう」と呼び掛ける声を聞いたことがあると思います。たくさんの児童の皆さんが、登校してきますが、私は、登校してくる皆さんの一人一人の顔をしっかり見て、目と目を合わせて挨拶をするようにしています。皆さんが挨拶をしてくれると、私は爽やかな気持ちになります。

しかし、多くの人が挨拶をかわすのはどうしてでしょうか。

前に、日野原重明さんというお医者さんの話をしたことがあります。日野原さんは、今年、一〇二歳になりました。日野原さんは、命というのは、時間があるということです、といっていました。

その日野原重明さんが、挨拶をするということについても書いています。

人間が生み出した（作った）ものの中で、挨拶ほどすばらしいものはない、挨拶は、会う人に呼び掛けて、お互いの気持ちをぐんと近づけてくれると書いているのです。挨拶は心を近づけつなぐもの、挨拶は心と心の握手なのです。元気な声で挨拶をすると、心も明るくなります。そして、お互いに挨拶をして、心と心をつなぐことで、私たちは、明るい気持ちで、仲良く、協力して暮らしていくことができるのです。

私は皆さんに元気な声で挨拶をしたいと思います。皆さんもどうぞ、元気な声で挨拶して欲しいと思います。そして私は皆さんと心の握手をしっかりしたいと思います。

（二〇一三年一月二一日）

(14) 忘れてはならない人々 ― 箱崎町の人々 ―

皆さん、お早うございます。

間もなく三月になりますが、二年前の三月一一日には、東北大震災が起こりました。間もなく二年が経ちます。

先日、テレビで、岩手県釜石市にある箱崎町のことが取り上げられていました。箱崎町はその大部分が地震の後、津波にのみ込まれました。箱崎町は、道路も崩れ、町の外に避難することも、人が町の外から助けに来ることもできなくなりました。

家を失った人は、家が残っている人のところに避難しました。家が残った人は、全く付き合ったこともなかった人を受け入れました。食事もお風呂も誰が先、誰が後ということもなく、家族と同じように受け入れ過ごしました。四ヶ月もです。

また、町の外から助けが来たときのために、箱崎の人々は、自分たちで道路を直しました。町の外から助けが来るまで、自分たちで捜索もし始めました。一人一人の名簿を作り、誰が行方不明になっているか確かめ、行方不明の者を捜しました。植田秀実さんは、接骨院の人です。一緒に逃げていた時、わずかの差で三人が、目の前で津波にのみ込まれました。植田さんは、助けられなかったことを後悔し、亡くなった人、行方不明の人を何とか家族の元に返してあげたいと、じっとしていられず、活動を始めました。中心になって真っ先に名簿を作り、行方不明の人を捜しました。亡くなった人を一生懸命捜したのです。

私たちは、悲惨な被害を受けた人々の中に、このようにして、人を助け、町を復活させようとし、亡くなった人を家族の元に返そうと懸命に活動した人がいたことを忘れないようにしたいと思います。

（二〇一三年二月二五日）

(15) 小学生のころの思い出

私の小学校五年生の時の話です。ある時、友達と二人で山の中に入って行きました。山の中には大きな岩が割れたような入口の洞窟がありました。二人は吸い込まれるように中に入って行きましたが、中は真っ暗です。一度出て、友達の家から懐中電灯を持ち出して、もう一度入って行きました。

洞窟には、横穴がありました。小さな、子供が這って入れるくらいの横穴です。洞窟は、水にぬれてひんやりしています。そこを這っていくと、不気味な、キィキィ、ギィギィッというような声が聞こえて来ました。何の声でしょう。

さらに這っていくと急に穴が広がりました。天井まで背丈の三倍あるくらいの広い洞窟が続いていています。地面は変にやわらかい土でできている感じがしました。見ると、それはすべて、蝙蝠の糞だったのです。

蝙蝠は、暗闇で羽音を立て、キイキイと盛んに鳴きたてています。天井に明かりを向けると天井いっぱいに蝙蝠がとまっているのです。羽を閉じて、岩に逆さに留まり、ごぞごぞうごめきながら、飛び立ってはまた留まるということを繰り返しています。洞窟に大きな岩があり、そこに上れば天井に手が届きます。私は、そこに上り鷲づかみにして蝙蝠を捕まえました。とっさに帽子を脱いで、一〇匹ほどそこに詰め込みました。蝙蝠は羽を閉じると子ネズミくらいの大きさになるのです。私は、友達と、いそいで洞窟を出て家に戻りました。そして、部屋の戸を閉めて、捕まえた蝙蝠を離しました。蝙蝠は部屋中飛び回り、家具の裏に入ったりしました。母は、それを見てカンカンになって怒りました。父は、仕方ないという具合に笑ってみていました。

私が五年生の時の小さな冒険の話を今日はしました。これで話を終わります。

（二〇一三年三月四日）

(16) 夢をもつこと

皆さん、お早うございます。

今日で、それぞれの学年の授業を終わります。四月から皆さんは、一つ上の学年で授業を受けることになります。

昨日は、卒業式が行われました。卒業する六年生全員が、「将来の夢」について書き残しています。どんな夢をもっているのでしょうか。少し、挙げてみます。

僕の夢は将来みんなに役立つ物を作る研究者になりたいです。
ゲームを開発したいです。作ったゲームでいろんな人に遊んでもらいたいです。
僕の将来の夢は、サッカーで、日本代表に選ばれることです。
私はパン屋になることが夢です。
医者になりたい、人の命を救いたいです。
僕の将来の夢は、漫画家です。
僕は将来、昆虫学者になりたいです。
私の将来の夢は、スキーの選手になってオリンピックに出ることです。

他に、

ぼくは困っている人々を助けられる人になりたいです。
ぼくは、みんなの役に立つようなひとになりたいです。
ぼくの将来の夢は、人の役に立ち、人を救えるような仕事につきたいです。

という、人を助け、人の役に立ちたいという夢を持っている人もいました。
一人一人が、夢を持ち、夢に向かってチャレンジすることを、私はすばらしいと思います。

その夢を追い、実現することが、自分のためになるとともに、人を励ましたり、感動させたり、人の希望になったり、救いになったりすれば、なおさらすばらしいことだと思います。

（二〇一三年三月二二日）

2　優しい心で包まれる学校（二〇一三年度）

(1) 優しい心で包まれる学校――学期始業式の話

今日から、一年生が入学し、皆さんは一つ上の学年に進み、新しい勉強が始まります。三月の終業式の日に、私は皆さんに、夢や目標を持ってほしい、探してほしいといいました。これからの新しい学年での毎日を、夢や目標をもって、持っていない人は、探して、楽しくしっかり学んでほしいと思います。

今年度は、もう一つ、皆さんにお願いしたいことがあります。

去年、一学期の始めのころに、「はなまる新聞」が壁に貼られていました。今日から六年生になった皆さんの中の何人かが、去年作った新聞です。そこには、「あさのきしゃは、たいへんこんざつしていますが、そのなかで、しょうがく一ねんせいをみつけました。／ゆれるきしゃのなかからだがおしつぶされそうになるなか、がんばっているすがたをみてすごいなとおもいました。」と書かれていました。ここには、上級生の一年生を見る優しい目があると思いやりの心があると思いました。そして、一年生のがんばるすがたに感心しているところも立派ですね。

私は、皆さんに優しい心、思いやりのある心を今年は持ってほしいと思います。附属小学校が優しい心で包まれるだけでなく、学校の外でもいろいろなところで思いやりのある行動をとってほしいと思うのです。これが新年度を迎える皆さんへの私のお願いです。

夢や目標とともに、優しい心をもって、楽しく、しっかり学んでほしいと思います。

これで、私の話を終わります。

（二〇一三年四月八日）

(2) 韓国の昔話 — 李先生来校に寄せて

今日は、昔話をします。

七人の子供が海で一匹の亀を捕まえました。七人とも亀を欲しがったので、ナイフで切って七つにわけることにしました。いよいよ亀を切り裂こうとしたとき、一人の旅人が通りかかりました。旅人は子供らにお金をやって、亀を助け、海に帰そうとしました。すると、亀は、自分は海王だ、命を助けてくれたお礼に、困ったことがあったら、この海辺に来て私を呼べば力になろうと言って、海に戻って行きました。男は旅を続けました。ある時、深い森に迷い込み、夜になってしまいました。明かりが、遠くに見えました。近づくと娘の住む家がありました。男は一晩泊めてほしいといいました。娘は、お腹が空いているだろうとごちそうを食べさせてくれました。男が寝ようとすると、娘が、私と結婚して一緒に暮らしてほしいといいました。男が断ると、娘は呪文を唱え、真っ暗闇にして、雷を起こしました。男は、殺されると思い、考えるから一週間待ってくれと頼み、海辺に行って海王に助けてくれるようお願いしました。海王は、三人の大将をよこして助けようとしましたが、娘の呪文に殺されてしまいました。男は、もう三日だけ待ってくれと頼み、もう一度海王に助けを求めました。海王は、自分で天の神に助けを頼み、一人の将軍が天から降りてきました。将軍は、呪文を唱える娘の上に雷を落とし、娘を退治しました。倒れた娘を見ると歳をとった狐だったそうです。男は、こうして助かり、海王と天の神様に感謝しながら、旅を続けていきました。

これは、韓国の昔話です。今日は、一〇時に韓国の大学の先生が附小に来られます。皆さんの教室に行かれるかもしれません。三年生には、授業をするそうです。

（二〇一三年四月二二日）

(3) 虹の色は何色？

皆さんは、空にかかる虹についてよく知っていると思います。しかし、横に真っ直ぐな虹を見たことは有りますか。私は実際に見たことはありませんが、五月一〇日(金)、午前に、北海道帯広市の上空に、横に真っ直ぐな虹が二時間ほど見えたそうです。虹は、上空一万メートルにできた雲の中の氷のつぶつぶに太陽が当たってできたのだそうです。

ところで、皆さんは、虹の色が何色か知っていますか。誰もが、赤・橙・黄・緑・青・藍・紫の七色だというでしょう。しかし、イギリスやアメリカでは、六色という人が多いのです。フランスやドイツ、中国では、五色、ロシアでは四色だと言うそうです。英語を教えてくださっているヴェロニカ先生は、虹は何色だとおっしゃるでしょうか。尋ねてみたいですね。

日本では、ふつう七色だと考えますが、数えることはなかなか難しいことです。どれが正しいとは言えない。国の違い、文化の違いがあって、見え方が違うのですね。これでお話は終わりです。

(二〇一三年五月一三日)

(4) N・S君の死を悲しむ

皆さんは先週、金曜日の全校集会で、附属中学校一年生のS君が交通事故で亡くなったことについて、山岡大二副校長先生からお話があったと思います。

その金曜日午後、S君のお葬式がありました。式場には、S君の、赤ちゃんの時の写真、お母さんお父さん、お祖父さんお祖母さんと一緒に撮った写真、友達と撮った写真が並べられていました。S君が描いた漫画の絵も飾られていました。また、附属小学校を卒業する時に書いた、お父さん、お母さんにありがとうございましたという感謝の手紙も飾られていました。式場には、家族や親せきの方々のほかに、たくさんの先生方や同級生が来て、S君との別れを悲しんでいました。

亡くなったS君は、もうお母さん、お父さんや友達と話すことも、好きな漫画を描くこともできなくなりました。S君は、漫画家になる夢を持っていました。わずか一三歳で、その夢をかなえることもできなくなったのです。

S君を亡くしたお父さん、お母さんは、どれほど悲しいことでしょうか。先生方も友達も涙を浮かべて悲しんでいました。S君は皆さんの心に生き続けるでしょうが、このような別れは、誰もが二度としたくありません。

事故は、あっという間に人の命を奪います。どんな強い、元気な人からも命を奪うのです。自分は大丈夫だと思わず、一人一人が、特に交通事故に気を付けてほしいと思います。そして、夢をもってしっかり生き抜いてほしいと思います。

（二〇一三年六月一七日）

(5) 蜘蛛の糸を人工的に作り出す技術の開発

皆さんは、スパイダーマンを知っていることでしょう。スパイダーマンは、手から蜘蛛の糸を発射するようにして高いビルや、大きなクレーンにくっつけて、蜘蛛の糸にぶら下がりながら、空を飛ぶように移動することができますね。また、映画の中では、暴走する電車を、スパイダーマンが蜘蛛の糸でつなぎ止め、身体を張って大事故になるのを防ぐ場面もありました。蜘蛛の糸は、私たちが思っているよりもずっと強いのですね。

さて、日本の東北、山形県にあるスパイバーという会社が、微生物を使って、蜘蛛の糸を人工的に作る技術を、世界で初めて開発しました。

なんと、蜘蛛の糸は、同じ太さの鋼鉄、針金よりも強く、ナイロンよりも伸び縮みするのだそうです。

この作った蜘蛛の糸で洋服、ドレスを作ることもできるし、自動車の部品を作ることもできるのだそうです。これからは、病院などで使う、医療機器、病気を治すいろいろな器具や道具を作ることもできるということで、多くの人が期待を寄せています。

蜘蛛の糸を人工的に作り出すことで、いろいろなことができるようになり、私たちの生活が、もっと安全に、もっと便利になれば素晴らしいですね。

私たちの身近な自然や動物、昆虫から思いもよらないものが開発されるのも驚きですね。よく観察することで、皆さんの中の誰かが、素晴らしい発明をするかもしれませんね。皆さんに期待したいと思います。

（二〇一三年七月八日）

(6) 夢と希望を引き出すスポーツの力

皆さん、お早うございます。

昨日、九月八日、朝五時二〇分に国際オリンピック委員会総会が開かれ、委員の投票で、二〇二〇年のオリンピックが東京で開かれることが決定しました。うれしいニュースですね。そしてパラリンピックの東京開催も決定しました。

私は、パラリンピックの東京開催を願ってスピーチをした佐藤真海さんのことが心に深く残っています。佐藤真海さんは、一九歳の大学生だった時、骨肉腫という病気にかかり、右足を膝から切断しました。足を失ったことで佐藤真海さんは、悲しくて絶望したそうです。生きる希望を失ったのです。

そんな時、希望を失っている佐藤真海さんをスポーツに誘ったのが、義足を作る仕事をしている義肢装具士の臼井二美男さんでした。佐藤真海さんは、義足をつけて走り幅跳びに挑戦しました。目標を決め、それを越えることに少しずつ喜びを感じ、そこに希望を見つけ、絶望的な悲しみから救われていったということです。佐藤さんは、スポーツに取り組むことで悲しみや絶望を乗り越えたのです。

佐藤真海さんは、パラリンピックのアテネ・北京・ロンドン大会にでました。アテネとロンドン大会では惜しくも九位でしたが、北京大会で四メートル二三センチ飛んで六位に入賞しています。佐藤さんは、走り幅跳びを続けながら、人々を感動させ、人々に希望を与えるスポーツの力に気づいていったそうです。

二〇一一年三月一一日、津波が佐藤真海さんの故郷、宮城県気仙沼の町を襲いました。人々は、深い悲しみに沈みました。佐藤さんは、スポーツで人々を救いたいと考えました。

他のアスリートと一緒に食糧も持って行き、また、スポーツ活動を準備して、人々が自信を取り戻すお手伝いをしました。二〇〇人を超えるアスリートたちが、日本や世界から、地震と津波の被害を受けた町におよそ一〇〇〇回も足を運びながら、五万人以上の子どもたちを喜ばせ感動させました。

佐藤真海さんは、スポーツには、人々から夢と笑顔、希望を引き出し、人々を結びつける力があると思ったというのです。オリンピックは、被災した人々にも感動を与え、夢を与え、人々をつなぎます。それがオリンピック、パラリンピックを東京で開催したいと願う理由なのです。

佐藤さんのことばから、私たちにもオリンピック、パラリンピックを東京で開きたいという理由が伝わってきますね。

（二〇一三年九月九日）

(7) アンパンマンのようにはなれなくても

アンパンマンの作者、やなせたかしさんが一〇月一三日に亡くなりました。九四歳でした。

やなせたかしさんは、高知県香美市の出身で、香美市には、アンパンマンミュージアムがあります。私は昨日の日曜日にそこに行ってきました。アンパンマンが好きになったからです。ミュージアムにはたくさんの子どもがお父さんやお母さんに連れられて来ていました。アンパンマンは大人気ですね。皆さんの中にも行ったことのある人が多いでしょう。アンパンマンは、鉄腕アトムやスーパーマンのように強くはありません。しかし、悪いことをするバイキンマンやその仲間と勇敢に戦います。お腹を空かした人には、自分が傷ついてパワーが無くなっても、優しく顔を食べさせて元気づけたりします。

たとえば、お年寄りにやさしく席を譲れば、自分は立っていなくてはなりません。荷物を持ってあげましょうと言えば、自分が代わりに重い荷物を持たなくてはならなくなります。いじめられている子を助けようとすると逆に自分がいじめられるかもしれないと思う人もいるでしょう。正しいこと、優しいこと、思いやりのあることをしようとすれば、自分が傷ついたり、自分を犠牲にしたりすることになるかもしれません。しかし、それを勇気をもって行い、感謝されるとうれしい気もちで一杯になります。

アンパンマンは、強くはないけれど、勇気を振り絞って正しいこと、優しいこと、思いやりのあることをするのですね。そこが素晴らしいと私は思います。

皆さんの中の何人もの人が将来の夢に、人の役にたてるようになりたいと書いていました。すばらしいですね。私は、アンパンマンのようにはなれないけれど、少しでも人のためになれるように、皆さんに負けないように努力したいと思いました。

（二〇一三年一〇月二一日）

(8) 日頃から地震・津波のことを考えよう

少し前のことです。新聞（高知新聞　二〇一三年九月三日）によれば、今年の夏休みの頃（七・八月）に室戸沖で、ふつうはとれない深海魚がたくさん網にかかったということです。一度に八〇匹近くとれたこともあったそうです。地震の時に現れると信じられているリュウグウノツカイもとれたということで、地震の起こる前兆、合図ではないかと不安がった人もいたそうです。これは迷信でしょうが、地震については、日ごろから考えたいものです。

先日、三年生の岡崎氷奈乃さん、岡崎真緒さんが、「私たちの身のまわりの環境地図作品展」で、すばらしい旭川市長賞を受賞しました。氷奈乃さんが描いたのは、「わたしたちの公園の安心安全マップ～津波から自分たちのいのちを守ろう～」という題名の地図です。

氷奈乃さん、真緒さんは、公園で遊んでいる時に、もし南海地震などの大地震が起こり、津波がおそってきたらどうするかを考えて作ったそうです。子どもが遊ぶ公園の海からの高さ、津波が襲ってくるまでの時間、津波の高さも調べたそうです。そして、公園から避難所まで逃げるもっとも短い道、ルート、公園から避難所まで逃げてかかる時間もしらべ、地図に分かりやすく描いたそうです。すばらしい地図だと思います。

私たちは、南海地震は、近い将来に、必ず起こると考えなければなりません。そのために、私たちは公園で遊んでいるときに地震、津波がきたらどこに逃げるか、通学・下校の途中、学校に来る途中や帰る途中で地震、津波が来たらどうするか、今からしっかり考えておかなければなりません。

私は、皆さんが全員無事であってほしいと思います。そのためにも日ごろから地震、津波について家の人、お父さん、お母さん、保護者の方と一緒に考えてほしいと思います。

（二〇一三年一一月一八日）

(9) 地震への備えをしっかりしよう

皆さんお早うございます。

前の全校朝の会で、地震の話をしました。その時、私は、皆さんに、「皆さんが全員無事であってほしいと思います。そのためにも日ごろから地震、津波について家の人、お父さん、お母さん、保護者の方と一緒に考えてほしいと思います。」とお話をしました。

私の母は、私が高知に住んでいるので、地震に遭わないかといつも心配してくれています。母は、避難に必要なものをすぐに持って逃げられるように準備して、枕元、ベッドのそばに、置いておくように言います。そこで、防災グッズとして売っているものを買い、そばに置いておくことにしました。私が持っている防災グッズには、まず、充電式のライト付きラジオがあります。ハンドルを回すと充電できライトが付きますし、地震の状態や救助の様子を知るためのラジオにもなります。他に、レインコート、どこでも使える携帯トイレ、身体を温めるカイロ、毛布、消毒液、折り畳み式の水タンク、それに水と食料が入っています。

私は、皆さんにも、命を守るために、地震のための備え、準備を、おうちの人と一緒にしていただきたいと思います。

＊防災グッズを見せながら話をする。

（二〇一三年一二月九日）

(10) やさしさは人の心を優しくする

今日は、東日本大震災で被害の多かった福島県の小学生の書いた詩を、二つ紹介します。まず、小学校四年の、芝　祥太郎君の書いた詩「友達っていいな」です。

友達っていいな

小学四年　芝　祥太郎

友達と遊んでいて
けがをした
ガラスがわれて
血が流れ

ぼくはびっくりした
でも
あやまって泣いてくれる友達がいて
心配して泣いてくれる友達がいて
やさしくしてくれた友達が
いっぱいいいる

今はもう治ったきずあとは
友達となかよしのしるしだよ

ぼくは
ときどき
手のひらのきずあとを
そっと　なでてみることがある

次に、小学校六年の横山　育さんの「私の席」です。

私の席

小学六年　横山　育

満員バスに
おばあさんが乗ってきた
ポニーテールの女の人が
「すぐに降りますので」
と席をゆずった

でも　その女の人は
次の停留所でも
四つ目の停留所でも降りなかった
私は胸がいっぱいになって
いつもより一つはやい停留所で
バスを降りた
ポニーテールの女の人
私の席にすわってくれたかなあ
（青い窓の会編『おひさまのしずく　福島の子どもたちから届いた大切な言葉』

二〇一三年三月　WAVE出版　二六・二七・四二・四三頁）

どうでしたか。優しさは、優しくされた人の心も、それを見ている人の心も優しくするのですね。

これで、私の話はおしまいです。

（二〇一四年一月二〇日）

3　「きっとできる」という気持ち（二〇一四年度）

(1)「きっとできる」という気持ち ― 一学期始業式

今日から新しい学年が始まり、皆さんは、学年が一つ上がります。今日の午後には一年生が入学してきます。みんなで学校のルールを守り、身体を動かし、頭を賢く働かせて、楽しい学校にしてほしいと思います。一年生のお兄さんお姉さんとして、お手本になるようにしてほしいと思います。

さて、私は、最近、一つの本を読みました。本には、何かにチャレンジする時に、「きっとできる」と思って取り組む方が、「できないかもしれない」と思って取り組むよりも成功する、うまくいくことが多いと書いてありました。

ですから、皆さんは、まず、何かうまくいったときのことを思い出してみてください。たとえば、自転車に乗れるようになったときのこと、鉄棒で逆上がりができるようになった時のこと、マストのぼりが上手にできるようになった時のこと、リコーダーがうまく吹けるようになったときのことなどを思い出してみましょう。そのように思い出してみると、練習はたいへんだったけど、何度も練習しているうちに少しずつできるようになった、やればきっとできるようになると思うことができるでしょう。こうして心を強くすることもできると思います。

その気持ちを大事にしてください。何でも、初めはうまくいかないかもしれないけれど、練習し努力すると、「きっとできる」という気持ちで、これからいろいろなことにチャレンジしていってほしいと思います。

さあ新しい一年が始まります。いろいろなことにチャレンジして、もっともっと自分を大きく成長させてください。

（二〇一四年四月七日）

(2) ありがとうということばの広がり

先日の五月五日の子どもの日に、高知新聞に高知県の小学校五、六年生の様子が記事になっていました。

例えば、六年生男子の平均身長は、一五一・七センチ、平均体重は、四三・七キロです。五年生よりも七センチ伸び、体重は、五・五キロ増えています。女子は、身長一五二センチ、体重は、四五・三キロです。五年生の時から身長は約六センチ伸び、体重は六・五キロ増えています。男子と女子と比べると女子の方が少し背が高く、体重も少し重いということです。

走る速さはどうでしょうか。五〇メートル走は、男子が女子よりも早くて九・五一秒、女子は九・七三秒です。

スポーツが好きな人は、男子が約七〇パーセント、女子が約六〇パーセントです。好きなスポーツは、男子がサッカー、女子はバドミントン。将来したい仕事は、男子はゲーム関係の仕事、女子は保育士、保育園の先生ですね。好きな漢字は、男子は絆です。絆はつながりという意味です。家族の絆は、家族のつながり、友達との絆は、友達同志のつながりということですね。女子は友という漢字が好きだということです。絆も友もいいことばです。高知の小学生は、人と人とのつながりを大事にしているということです。

最後に、六年生が好きなことばについてです。男子も女子も一位は同じでした。何だと思いますか。「ありがとう」ということばです。お互いに何かをしてあげる。それに対して心からありがとうとお礼をいう。ありがとうは、人がうれしい気持ちになったり、喜んだりしたときに自然に出ることばです。うれしさや喜びとともにありがとうということばが広がっていけばすばらしいですね。

（二〇一四年五月一二日）

(3) 猫の命を救う

六月一〇日のテレビで、子猫の救出のことがニュースになっていました。生まれて三か月の小さな子猫が家の壁と塀との隙間に落ちてしまいました。わずか四センチメートルの隙間に落ちたのです。子猫は三日間泣き続け、声を聞きつけた飼い主が、レスキュー隊に連絡しました。レスキュー隊一二人が助けに来たそうです。四時間かけて塀に穴を開けやっとのことで助け出すことができました。子猫は泥だらけでぐったりとしていましたが、命を救われました。小さな命が救われたことにほっとして、みんなが喜びました。

しかし、高知県には、たくさんの捨て猫がいます。野良猫になったたくさんの猫は、とらえられて命を絶たれています。去年だけでも、つかまえられて二三三八匹の猫が命をなくしているのです。

このたくさんの猫のいのちを救うために、中央公園で猫の飼い主を捜している人、尾崎圭美さんがいます。命を失う運命の猫の悲しさを思って、自分でも三〇匹の猫を飼っています。さらに何とか猫の命を救いたいと、これまで一〇〇匹の猫の飼い主を捜しました。すばらしい人だと思います。動物の命を大切にする人は、人の命も大切にすると思います。しかし、それでも捕まえられて命を失う猫はたくさんいるのです。

猫を飼う人、みんなが、責任をもって、動物病院で、病気にならないように注射をしてもらい、野良猫になる子猫を産まないようにする手術もしてもらうようにしてほしいものです。そうしなければたくさんの猫の命を救うことはできません。皆さんの中にも猫や犬を飼っている人がいると思います。責任をもって、大切に飼ってほしいと思います。

（二〇一四年六月一六日）

(4) 七夕女房　高知の昔話

一週間前の月曜日は、七月七日で、七夕でした。七夕は、織姫と彦星が一年に一回、天の川をわたって会える日ということです。しかし、高知には、七夕の昔話が別に伝わっています。

昔、土佐のある村に小五郎という男がいました。小五郎が、悪さをするきつねを捕まえました。きつねは、きっとお礼をするから許してくれと頼みました。小五郎は許してやりました。

ある日きつねがやってきました。きつねが言いました。このごろ谷川に天から七夕さんが水浴びに来ています。そのころもを取っておいたらいいことがあります。小五郎が言われた通りにころもをもって帰ると、夕方になって七夕さんが家に来ました。そして、天に戻れないので、家においてくださいと頼みました。小五郎は七夕さんが一目で気に入って、家にいれました。七夕さんは七夕女房になりました。かわいい子供もうまれました。小五郎は、毎朝、家の裏の穴に向かって拝んでから仕事をしました。子どもが三歳になった時に、子どもが、小五郎が毎朝拝んでいる穴にあるころもを見つけました。ころもを身につけて、子どもと七夕女房は、天に戻って行きました。

小五郎は悲しみました。きつねがやってきて、鳥の羽でうちわを作ったら、扇いで天に吹きあげてあげようと言いました。その通りにすると、小五郎は、七夕女房のいる天に昇って行くことができました。

小五郎は、一緒に天で暮らしたいと思いました。七夕女房の母親の神様は、難しい仕事を小五郎に言いつけました。大きな岩を担いでこい、森の木をすべて切って牛にひかせて来い、畑に小さな種を植え、植えた種をみな拾って来いという仕事です。小五郎は困りました。しかし、七夕女房は知恵を働かせて、小五郎の仕事を助けました。

母親の神様は、最後の仕事だと言って、瓜畑の番をするように言いました。七夕女房は小五郎に喉が渇いても瓜を食べてはいけないといいました。しかし、小五郎は番をしているうちに喉が渇いて我慢できなくなりました。とうとう瓜を割って食べようとしました。すると、瓜から水があふれて止まらなくなり、大洪水になって、小五郎は水に流されました。七夕女房が助けようとしますが、助けられず、毎月七日に会おうと呼びかけました。小五郎はそれを七月七日と聞き違えて、一年に一度に会うことになったということです。

（二〇一四年七月一五日）

(5) はかない命を大切に

今日は、私の家族の話をしたいと思います。私は、今、一人で暮らしています。私は愛媛県の生まれですが、私の家族は、大阪にいます。妻と、ずいぶん大きくなりましたが二人の女の子がいます。

二人の子どもが小学校に通学していたころ、私は、いつも玄関から外に出て、子どもを見送りました。姿が見えなくなるまで、いつも見送りました。子どもは、中学校には自転車で通い、高等学校には、近くの駅まで自転車で行っていました。家にいるときは、いつも二人を、姿が見えなくなるまで見送りました。

見送る時には、必ず、事故に遭わないように、無事戻ってくるようにと願っていました。無事戻ってくるように願っていましたが、無事に戻らず、もう会えないかもしれないという気持ちもいつも心にありました。もう会えないかもしれないと思うから、いつも見送っていたのです。

私の父は、私が、大学生の時に、急に亡くなりました。脳溢血が原因でした。日頃は、元気な父だっただけに、人の命は、いつなくなるかわからないと思いました。

人は、転んで膝をつけば、皮膚が裂けて血が出ます。刃物が当たればすぐに怪我をします。人の体は、強くできてはいません。水の中で二分間も息をしなければ溺れ死んでしまいます。交通事故に巻き込まれれば、大怪我をするだけではすまないかもしれません。そんなことになれば、皆さんの家族は、いつまでも悲しみます。友達も悲しみます。だから、私は、いつも真剣な気持ちで子どもを見送ってきたのです。私の子どもだけではなく、人と別れるときは、一生懸命に見送ります。無事に帰ってくださいと願って見送るのです。

人は、強い心を持っている人もいるでしょうが、体は強くできてはいないのです。だから、皆さんは、ようく気を付けて、毎日を過ごしてください。これから夏休みになります。友達と出かけることもあるでしょう。だから、一人ひとりがしっかり、気を付けて、元気に楽しく過ごしてほしいのです。

さあ夏休みの始まりです。二学期の始業式には、元気な顔を見せてください。

（二〇一四年七月一八日）

(6) 夢に向かって進もう　始業式

皆さん、お早うございます。今日から二学期が始まります。一学期の終業式の話で、私は、私たちの心は強いかもしれないが、身体は傷つきやすく、弱いという話をしました。だから、一人一人が身体に気を付けて、怪我をしないように、事故に遭わないようにということを言いました。今日は、皆さんが、誰一人、事故に遭うことも、怪我をすることもなく元気に登校したことをうれしく思います。

さて、皆さんは、人間と動物と大きく違っているのはどういうところだと思いますか。私は、夢を持つことだと思います。人間は、近い未来にも、遠い未来にも夢を持つことができます。願いや希望を持つことができます。ここが動物とは違っているところだと思います。

昨日、八月三一日の高知新聞に、本山小学校の山下こころさんが、「私の夢」という題で書いていていました。山下こころさんは、将来、大人になったら保育園の先生、保育士になりたいという夢を持っています。保育士になるために、今、ピアノの練習とダンスの練習をしているそうです。皆さんは、将来、サッカー選手になりたい、ゲームのプログラマーになりたい、ケーキ屋になりたい、命を救うお医者さんになりたいといった、自分らしい夢を持っていると思います。夢は目に見えませんが、この体育館には、皆さんの夢であふれそうになっていると思います。もちろん、私も夢を持っています。

二学期は運動会や音楽会など、たくさんの行事があります。しっかり取り組んでほしいと思いますが、山下こころさんが夢に向かって努力しているように、皆さんも、夢を大事にし、夢に向かって進んでいく学期にしてほしいと思います。

さあ、二学期が始まります。友達と仲良く、楽しく、みんなで、夢に向かって進みましょう。私も夢に向かって努力します。

（二〇一四年九月一日）

(7) 障害は不便だが不幸ではない

皆さんは、アメリカに生まれた、ヘレン・ケラーのことを知っていますか。ヘレン・ケラーは、生まれて二歳にならないうちに、重い病気にかかり、目が見えなくなり、耳も聞こえなくなり、さらに話すことも出来なくなりました。

そんなケラーは、サリバン先生と出会い、サリバン先生に教えてもらうことで、障害を乗り越えて、点字で本を読み、文字を書き、話すこともできるようになりました。大学にも入り、すばらしい成績で卒業したそうです。

そして、ヘレン・ケラーは、亡くなるまで、目が見えず、耳も聞こえず、話すこともできない人々を助け、励ましました。障害者のために、生涯、力を尽くしたのです。

さて、ヘレン・ケラーは、病気をして目が見えず、耳が聞こえず、話すこともできないという障害を持った自分のことをどう思っていたでしょうか。

ヘレン・ケラーは、「障害は不便だが、不幸ではない」ということばをのこしています。目が見えない、耳が聞こえない、話せないのは不便だが、不幸ではない、というのです。だから、健康な人が、障害者の不便なところを無くせばよいのですね。

不便なところを、誰も助けない、障害を持って不便なことを、笑ったり、馬鹿にしたりすることで、障害を持った人は、不幸になるのです。障害があるから不幸なのではなく、周りの人々が、障害のある人を放っておいたり、笑ったりするから不幸になるのですね。

不幸は、作られるのですね。障害のある人は、私たちの周りに身近にいます。障害を持った人が、不幸な思いをしないように、悲しい思いをしないようにしたいものです。

（二〇一四年九月八日）

(8) ノーベル賞受賞者のことば

皆さんは、東京スカイツリーに行ったことがありますか。私は、行ったことがありません。テレビなどで観ると、夜はいろいろな色に光って美しいようですね。その光を開発した人たちがノーベル賞を受賞したのです。

二週間ほど前の一〇月七日、ノーベル物理学賞が発表されました。皆さんも知っている通り、日本人三人が受賞しました。名城大学の赤崎勇教授、名古屋大学の天野浩教授、アメリカのカリフォルニア大学の中村修二教授の三人です。ノーベル賞受賞の理由は、赤崎勇教授と天野浩教授が、長い間開発が難しいとされた青色発光ダイオードの開発を行い、中村修二教授が、製品化することに成功したことです。

皆さんが乾電池で豆電球を点けると、電気が流れて豆電球の中の線が熱で赤くなり、やがて黄色い光になりますね。開発された青色発光ダイオードは、違った仕組みで光が出るのだそうです。熱で光るのではなく、電子というもののエネルギーで光るので、省エネになり、環境に優しいのだそうです。クリスマスの時のイルミネーションの青色は、三人の教授が開発したものです。東京スカイツリーの青色もそうです。

三人の教授の内、赤崎勇教授は、流行ではなく、本当にやりたいことをしてほしいと言っています。みんながするから自分もするというのではなく、本当にしたいことを見つけて努力したいものです。中村修二教授は、好きなことを見つけてチャレンジしてほしいと述べています。皆さんもぜひ、本当にしたいこと、好きなことを見つけて、チャレンジしてほしいものです。私もチャレンジしたいと思います。

（二〇一四年一〇月二〇日）

(9) フィラエの彗星着陸

一一月一三日の朝早く（日本時間）に、彗星《すいせい》探査機ロゼッタが送り出した小型着陸機フィラエが、チュリュモフ・ゲラシメンコ彗星に着陸しました。これは世界で初めてということです。

この彗星は現在、地球から五億キロメートル離れた火星と木星の間にあります。氷とちりなどでできた二つの大きな塊がくっついた形（長さ最大約四キロメートル）をしています。太陽の周りを約六年半かけて楕円《だえん》軌道で回り、来年八月に太陽に最も近づくそうです。

探査機のロゼッタは、一〇年前の二〇〇四年三月に打ち上げられました。一〇年かけて計六五億キロメートルの宇宙の旅をして彗星にたどり着きました。ロゼッタから切り離されたフィラエは、約七時間かけて幅四キロメートルほどの彗星に着陸しました。

そして、フィラエは表面の成分などを観測し、データを地球に送ってきているそうです。また、二〇センチほど穴を開けて、彗星に含まれる物質などについても調べたことを送ってきたそうです。

この彗星を調べることで、地球がどのようにして生まれたか分かるかもしれないということです。

しかし、現在、残念なことに、フィラエの電池が無くなって止まってしまっているそうです。太陽の光が当たれば、太陽電池で動き出すかもしれないということですが、今、彗星の窪みに入って光が当たらないということで心配されています。

（二〇一四年一一月一七日）

(10) 一人一人が大事にされる附属小学校に ― 人権週間に寄せて

一二月四日から一〇日まで、人権週間になっています。一九四八年一二月一〇日に国際連合が、世界の自由、正義、平和の基礎である基本的人権を守るために世界人権宣言を採択しました。そして一二月一〇日を「人権デー」にしました。日本でも、世界人権宣言を記念して一二月一〇日までの一週間を人権週間と決めました。

人権というのは、一人ひとりが同じように大事にされなければならないということです。

子どもや大人、男と女で大事にされ方がちがってはいけません。力のある子と力のない子、そして勉強のできる子とできない子、お金持ちの家の子と貧しい家の子とで大事にされ方が違ってはいけません。みんなが大事にしなければならないし、大事にされなければいけません。みんなが安心して生きていけるように人権というものがあるのです。

残念なことに附属小学校でも、いじめが起こります。いじめられた子は、いじめた子に大事にされなかったということです。ふざけてしたことが、相手にいやな思いをさせたなら、それはいじめです。いじめは、附属小学校では許されません。私も他の先生も、いじめを絶対に許しません。

いじめをする子はいじめっ子です。しかし、はじめからいじめっ子という子はいません。ふざけて嫌な思いをさせたり、はじめからいじめてやろうとして何かしたときに、いじめっ子になるのです。いじめをやめて、悪いことをしたことを反省して、いじめられた子に心から謝れば、いじめっ子ではなくなります。相手に謝る勇気を持って、謝れば、その時から良い子になることができるのです。同じように良い子もはじめからいるのではありません。優しいこと、思いやりのあることをするなど、良いことをしたときにはじめて良い子になるのです。

皆さん、自分にいじめるつもりがなくても、ふざけてしたことでも相手が嫌な思いや悲しい思いをすれば、いじめです。しかし、勇気を持ってしっかり謝ることで、成長することができます。もし、いじめをしたということがある子は、人権週間のこの時に勇気をもって謝り、成長してほしいと思います。

そして、一人ひとりが大事にされ、人権がまもられる附属小学校にしていきたいと思います。

（二〇一四年一二月八日）

(11) たくさんの思い出 ― 二学期終業式の話

今日で二学期は終わりです。明日からは、冬休みが始まります。

二学期は、大きな行事がありました。教育実習生も先生になるための勉強に来ました。五年生のN・Rさんは、『文集　若葉』に、実習生とのお別れのときのことを書いています。「最後は、自分たちだけでお別れ会を企画しました。三人の実習生もにこにこしながら楽しんでいました。その笑顔を見て、私もうれしかったです。五B、は実習生に手紙も書いて、お別れ会が終わった後に渡しました。一か月ずっといっしょにいたら、いるのがあたり前のようになっていました。まるでずっと五Bの一員のように思えました。」と述べて「この一か月間は、一生忘れられないと思いました。」と書いていました。

運動会もありました。一年生のO・Y君は、リレー選手に選ばれて走ったことを書いていました。「本ばんでは、かてるかどうかとドキドキしました。バトンをあきひとくんからもらったとき、ぜったいにかつぞとおもってはしりました。いっしょうけんめいはしって、一人おいぬくことができました。とてもうれしかったです。」と運動会の思い出を書いてくれています。四年生のS・Eさんは、「スターターの『よーい』で一気にきんちょう感とやる気が出て、ピストルの音が鳴った時、(一気に走りぬけよう!)と思いました。カーブをまがる所で、六番から二番へ行きました。「あとは一番!」と思ったらゴールのテープを過ぎていました。結果は、白勝ち!とてもうれしかったです。」と生き生きと書いてくれています。

音楽会のことを六年生のO・S君は、「心にじーんとしみてくるものがありました。」と述べて、次のように書いていました。

「六年の合唱の『約束』は高い音から低い音まである曲で、もう一つの曲は『友だちだから』で、上と下のパートがあってそれぞれが個性を出している曲で、両方ともとても難しかったです。」合奏は『歓びの歌』で「これまでにない難しさで、覚えてそれを実行することが難しかったです。/演奏合唱ともに今の最大の力を出し切れたと思います。/六年で最後の音楽会、悔いが残らないような合唱ができたと思います。」と六年生らしくしっかりと書いてくれています。

皆さんも二学期はたくさんの思い出を作り、成長してくれたと思います。

これから冬休みになります。楽しいクリスマス、お正月を迎えます。この冬休みに体を鍛え、何かチャレンジできる目標を持って、よい冬休みを過ごしてください。そして元気に三学期の始業式に来てください。それでは、皆さん、良い年を迎えて下さい。

（二〇一四年一二月一九日）

(12) 三〇年後の未来

今日は、未来のことについて、想像してみたいと思います。

今、世界では、二〇四五年問題ということが注目されています。今年が二〇一五年ですから、あと三〇年後ということになります。そのころ皆さんは三七歳から四二歳くらいの歳になっているでしょう。ちょうど、皆さんのお父さん、お母さん、保護者の歳と同じくらいになっているのではないでしょうか。

さて、二〇四五年というのは、コンピューターが人間の頭の働きを超えるというふうに考えられている年です。その年に、コンピューターが人間よりも賢くなると言われています。そのころは、世界はどうなっているでしょうか。今、車は、工場でほとんどロボットが作っています。その作られた車は、多くはガソリンで走り、人間が運転しています。しかし、これからは、水素や電気で走るようになり、車が自動運転で行きたいところに連れて行ってくれるようになるのではないでしょうか。そして、今、車は道路を走っていますが、三〇年後には、空中を飛ぶことができるようになっているかもしれません。

バス、タクシー、電車、飛行機などは、人間に代わって、人間よりも賢いロボットが運転したり、操縦したりするようになるかもしれません。

皆さんの家にも、ペットロボット、介護ロボット、お手伝いロボットがいて、皆さんを楽しませ、病気の人のお世話をし、掃除や洗濯、料理もしてくれるかもしれません。病気になるとロボットのお医者さんが診察し、治療し、手術をするようになるでしょう。工場でも会社でもロボットが人間に代わって働いているかもしれません。

二〇四五年には、世界の人口は九〇億人を超えます。日本の人口は一億一千万人。そのうち六五歳以上のお年寄りが二〇四五年には四〇パーセント。五人に二人はお年寄りです。そのような社会で皆さんはどのように暮らしているでしょうか。皆さんは幸せにくらしているか、そうでないか。皆さんには、遠い未来のこともこれから考えながら、自分の夢や目標を持ってほしいと思います。

（二〇一五二月二日）

(13)　命をいただく

皆さんの中には、肉が好きという人が多いと思います。唐揚げの好きな人、ハンバーグの好きな人が多いのではないでしょうか。しかし、考えてみてください。肉というものが初めからあるのではありません。唐揚げは鶏肉、つまり鶏の肉、ハンバーグは牛肉、つまり牛の肉です。元は命のある鶏や牛だったのです。肉はその鶏や牛などの命をもらって作られたものです。

二月一八日の高知新聞に、影野小学校五年生の久保田聖那君の、「命をいただく」という作文が載っていました。久保田君は、学校に行く途中、家の近くの枯草ばかりの草原で、赤・緑・黒・紫・茶色・水色の混ざったカラフルな美しい鳥を見たそうです。それは、雉でした。その美しい雉にまた会いたいねと、友達と話しながら学校に行ったそうです。その日の夕方、おじいちゃんが、「これ、食べてみいや」と肉を持ってきたそうです。それは、雉の肉でした。家の近くに仕事に来ている人が、雉を仕留めて、その肉を分けてくれたのだそうです。久保田君は「かわいそうで食べれん。」と思いました。しかし、「食べんかったら雉の命が無駄になる」と考え直し、二日後に勇気を出していただいたそうです。

久保田君は、肉を食べるということは、「他の生き物の命をいただいているのだと、この出来事で実感しました」と書き、「ぼくたちは他の生き物の命の支えで生きているのです。」と述べています。

私たちも、命を頂いて生きていることを改めて考えたいものです。(二〇一五年三月二日)

4　きゅうこん―ぼくには大きなものがつまっている（二〇一五年度）

(1) きゅうこん―ぼくには大きなものがつまっている―始業式の話

桜の花はこのところの雨で多くが散ってしまいましたが、チューリップは色鮮やかに、カラフルに咲いています。春は、美しい花の季節です。

今日から、新しい年度、学期が始まります。皆さんは、これで学年が上がって一つ上級生になりました。午後には、一年生が入学してきます。みんなで協力し合って、附属小学校を楽しい学校にしてほしいと思います。そして、みんなが目標や夢を持ってチャレンジする学校になってほしいと思います。

さて、福島県の小学校三年生の山崎圭祐君が、「きゅうこん」という詩を書いています。紹介しましょう。

きゅうこん

小学三年　山崎圭祐

きゅうこんは小さい。

でも　めを出して花をさかせる。

チューリップだって
四、五センチくらいのきゅうこんが
あんなに大きな花をさかせる。
よく考えてみれば、
小さなきゅうこんの中に

花や葉がつまっているのと
同じことだ。
きゅうこんってふしぎなふしぎなものだ。
ぼくには何がつまっているのかな。
きっときゅうこんみたいに
大きなものがつまっているぞ。
（青い窓の会編『おひさまのしずく　福島の子どもたちから届いた大切な言葉』
二〇一三年三月二五日　WAVE出版　一一六・一一七頁）

すばらしい詩ですね。皆さんの中に詰まっている大きなものは、私は、夢だと思います。皆さんの中には、大きな夢が詰まっていると思います。その夢を大切にして、この附属小学校で、大きく育てていってほしいと思います。

（二〇一五年四月七日）

(2)「さくら」のことばの由来

四月一二日の日曜日に、六年生と修学旅行に行きました。その日の内に京都に行きました。バスで堀川通を通っていると、堀川の堤にいろいろな桜が咲いていました。高知では散っていましたが、京都では八重桜、枝垂桜などがまだ咲いていました。花弁の色もいくつかあって黄色い桜が咲いているのに驚きました。

さて、「さくら」という名前がどのようにして付いたかよく分からないところがありますが、「さくら」は、「さ」と「くら」からできているとも言われています。

それでは「さ」は何かというと、お米になる稲の神様のことだというのです。「さくら」の「くら」は、神様が集まって座るところという意味だそうです。

稲は、大きくなる時、雨が必要です。だから「さ」の神様は雨を降らせる力も持っています。そしてお米が育つようにするのですね。

皆さんは、「トトロ」というアニメを知っていますか。そこに「さつき」という女の子が出てきます。この子は五月に生まれたから「さつき」というのです。昔は、五月のことを「さつき」と言っていました。五月は、今と違って、昔は雨の季節、梅雨の季節でした。この「さつき」の「さ」も「さ」の神様のことです。「さ」の神様が稲が育つようにたくさんの雨を降らせる月がさつき、五月のことです。

昔の人は、「さくら」の花を見て、たくさんの「さ」の神様が木の枝に集まって座っていらっしゃると思ったかもしれません。そして、桜の花がたくさん咲く年はよく稲が育ち、お米がたくさん取れると信じられていたということです。

昔と今では、さくらの花の見方もずいぶん違っているのですね。

（二〇一五年四月二三日）

(3) 人間とくらすロボット

私は、昨日、東京から帰ってきました。東京では、日本科学未来館に行ってきました。私が未来館に行ったのは、人間型ロボットのアシモ君に会うためです。皆さんは、アシモ君の身長を知っていますか。一三〇センチです。これは、大人が座った時に目と目を同じ高さで合わせることができるようにしているのだそうです。

ところでアシモ君はどんなことができるでしょうか。私は驚きました。アシモ君は走ることができます。前にも後ろ向きにも歩くことができます。また、けんけんも、両足ジャンプもできます。他にもカニ歩きもできるし、サッカーボールをけることだってできるのです。

アシモ君には指が人間と同じように五本あります。指をうまく使って手話もできます。アシモ君が、歌に合わせて手話をするのを見て、私は驚きました。

日本科学未来館には、他にオトナロイドもいました。オトナロイドは人間と話をすることもできます。

皆さんが大人になるころには、すぐれたロボットがたくさん作られ、人間とくらすようになると思います。しかし、ロボットは人間をしあわせにしてくれるものでなくてはなりません。そのために、ロボットが守らねばならない三つの約束があるそうです。

一つ目は、人間に危害を加えてはならない、人間が危ない時には助けなければならないということです。二つ目は、人間の命令には従わなければならない。ただし、人間に危害を加える命令にはしたがってはいけない。三つめは、ロボットは自分をまもることができる、ということです。この三つの約束は、人間とロボットが仲よく暮らすための約束なのです。

皆さんの中には科学が好き、ロボットが好きという人がいると思います。人間を幸せにし、人間と仲良く暮らすすばらしいロボットをぜひ作ってほしいものです。

（二〇一五年六月八日）

(4) 安全な登下校を

一〇日前の七月四日に奈良県香芝市のリサイクルショップで小学校六年生の女の子が、連れ去られるということがありました。女の子は、両親と一緒にいたのですが、トイレにいったところを連れ去られました。幸い女の子は、翌日の五日に車に乗せられているところを発見され、無事に助けられました。

私は、このような子どもを連れ去る人がいることを残念に思います。残念ながら、このような子どもに危害を加える人が他にもいるかもしれません。ですから、皆さんも登下校するときには注意しなければなりません。どんなことを注意するかは、「ひまわり」と「はちみつ」で覚えておくとよいと思います。

「ひまわり」の「ひ」は、一人で帰らないということです。「ま」は、回り道をしないでまっすぐ帰るということです。「わ」は、別れ道で一人になるときはできるだけ早く帰るということです。そして「り」は、利用されていない、人がいないない公園など行かないということです。

また、「はちみつ」は、こんな人は注意しようということです。「はちみつ」の「は」は、話しかけてくる知らない人、「ち」は、近寄ってくる知らない人、「み」は、見つめて来る知らない人、「つ」は、付いてくる知らない人です、

皆さんは、「ひまわり」と「はちみつ」に注意して安全に登下校して欲しいと思います。

（二〇一五年七月一三日）

(5) 充実した楽しい夏休みに

皆さん、今日は。

大型で非常に強い台風一一号が、高知に近づいています。今夜遅くには、高知に接近し、上陸するということです。そのために明日の終業式ができなくなりそうです、そこで、私の終業式の話を、これから、放送ですることになりました。

さて、今週、皆さんの文集『若葉』が配布されました。そこには、一学期に行われた六年生の修学旅行や各学年の宿泊学習の思い出がたくさん書かれていました。修学旅行では、

京都で金閣寺、奈良では東大寺の大仏を見ました。またUSJで一日楽しく過ごし、夜はナイターを観戦しました。また、北淡震災館で防災学習もしました。楽しい充実した三泊四日だったと思います。六年生のY・Y君は、「修学旅行の本当の意味」は、「行動力、団結力、忍たい力、みんなと楽しみ悲しむ力をきたえるということ」だと述べています。そして、修学旅行で「ぼく自身も大きく成長できた」と書いています。四年生は宿泊学習でジオパークにいったり、冒険の森でアスレチックを楽しんだり、海浜センターでマリンブーツを借りて海の活動をしたりしたことなどを書いています。N・Aさんは、「三日間の合宿で、班のみんなともクラスのみんなとも仲良くなれた気がしました。皆といっしょに頑張って活動できて楽しかったです。」と書いています。

文集『若葉』には一年生がたくさんの将来の夢を書いてくれています。おはなやさん、ぱいろっと、せんせい、ぴあにすと、けんちくか、いしゃ、あいどるなどたくさんの夢であふれています。二年生のY・Yさんも「しょう来のゆめ」として「ほいくえんの先生」になりたいと書いています。そして、夢がかなうように「本読みや音楽と体育のじゅぎょうを楽しんでやりたい」と決意をのべています。

『若葉』を読んでいると、皆さんが一学期、夢を持って、楽しい充実した時間を過ごしたことが伝わってきます。読んでいて感心したり、楽しく、嬉しくなったりしました。

いよいよ夏休みに入ります。何か一つ自分だけの目標をもって取り組み、楽しい夏休みにしてください。私も目標を持って過ごしたいと思います。九月に皆さんの元気な顔を見るのを楽しみにしています。

（二〇一五年七月一六日）

(6) 自分の命をまもる — 二学期始業式の話

皆さんが、交通事故や水の事故に遭うこともなく、登校して元気な顔を見せてくれたことを嬉しく思います。いよいよ二学期が今日から始まります。二学期には運動会や音楽会、それに附属祭りもあります。皆さんが仲よく力を合わせて楽しい、充実した二学期にしてほしいと思います。

ところで、皆さんの中には、今日が何の日か知っている人も多いと思います。

今日は、防災の日です。防災の日は、一九二三年九月一日に起こった関東大震災を忘れないための記念日です。一九二三年、今から九二年前に東京を中心とする関東地方で発生した大地震によって起こった災害です。一〇万五千人の人が死亡したり、行方不明になったりしました。この災害を忘れないようにし、どうすれば被害を少なくできるかを考えなければなりません。

高知県は、南海トラフ、南の海の海底から起こる地震が確実に来ると言われています。地震が起これば、最悪の場合、附属小学校は、震度六という強い揺れが来るそうです。震度六は、立っていられない揺れです。身体が飛ばされることもあるそうです。家は倒れるものが多いそうです。震度六はこのような強い揺れです。

また、津波が、地震が起こってから一時間くらいで附属小学校にも来ます。高さは一メートルくらいです。五〇センチくらいの波で人間は倒されます。一メートルの高さの津波は強い力を持っているのです。

私たちは、地震が来ると考えて、どう避難するか、どう被害に遭わないようにするかを考えて、自分の命をしっかり守れるようにしなくてはなりません。

さあ、いよいよ二学期です。仲よく力を合わせて楽しい充実した二学期にするとともに、しっかり自分を大切にし、地震に備える心を持ってほしいと思います。

（二〇一五年九月一日）

(7) 興味・関心をもって不思議を追求しよう
皆さんの中には、金子みすゞの「ふしぎ」という詩を知っている人もいると思います。「ふしぎ」という詩は、「わたしはふしぎでたまらない／黒い雲からふる雨が／銀にひかっていることが。／わたしはふしぎでたまらない／青いくわの葉たべている／かいこが白くなることが。／わたしはふしぎでたまらない／だれもいじらぬ夕顔が／ひとりでぱらりと開くのが。／わたしはふしぎでたまらない／だれにきいてもわらってて／あたりまえだということが。」

皆さんも不思議だと思うことがいくつもあると思います。わたしは指の皺、それを指紋と言いますが、指紋がなぜあるのか不思議でした。指の皺、指紋は、実は、物をつかんだりめくったりするときに滑らないようにするためにあるのだそうです。だから木に登るサルやリス、コアラなどにも指紋があるそうです。指紋がないとガラスのコップを持つことも、本のページをめくることも難しくなるそうです。指紋は誰一人同じものはないそうです。また、指紋の皮膚の下にはものを感じる神経がたくさんあって細かな作業ができるのだそうです。

皆さんの周りには、たくさんの不思議があると思います。興味や関心をもって不思議を調べ、追求してほしいと思います。

科学者の多くも不思議を調べるところから生まれたのだと思います。不思議を調べて、追求して、皆さんの中から、将来すばらしい科学者になる人が出てほしいと思います。

（二〇一五年九月七日）

(8) うれしい日本人のノーベル賞受賞

二〇一五年一〇月五日に、大村智北里大学特別栄誉教授がノーベル医学生理学賞を受賞し、六日には、梶田隆章東京大学宇宙線研究所長が物理学賞を受賞しました。二人の日本人が、ノーベル賞を受賞しました。

二人の内の大村智教授は、微生物から薬を作る研究を続けてきました。微生物というのは、顕微鏡でしか見えない小さな小さな生き物です。土一グラムに一億匹もいるそうです。一グラムは一円玉の重さです。一億というのは、およそ東京都大阪を除いた日本に住んでいる人全部の数ですね。

微生物には、細菌など人間を病気にするものもありますが、人間の食べ物を作るのに役立つものもあります。チーズやヨーグルト、パン、それにお味噌や醤油も微生物の働きで作られるのです。

大村智教授は、微生物の力を借りて薬を作る研究をしてきたのです。たくさんの失敗を乗り越えて、アフリカで多くの人が病気になって目が見えなくなるオンコセルカ症（河川盲目症）という病気を治す薬（イベルメクチン）を造りだしました。その薬でアフリカでその病気にかかった人を、毎年三億人も救ったそうです。三億人というのは、およそ日本二つ分に住む人の数です。毎年、日本二つ分の数のアフリカの人々を病気から救ったのです。大村智教授は、病院を建てたり、美術館を建てたりもしているそうです。

このようなすばらしい大村智教授がノーベル賞を受賞したことを、すばらしいことだと思います。このような人が日本にいることを、私はうれしく思います。

（二〇一五年一〇一九日）

(9) すばらしい二つの詩

先週、一一月一三日の金曜日は、ゆるキャラのバリーさんで有名な今治市に行っていました。そこで、小学校の先生から、文集『うしお』（創刊六〇周年記念文集　二〇一四年一〇月　愛教研今治・越智支部うしお編集部編）を紹介していただきました。高知県には、児童詩集『やまもも』があります。同じように、文集『うしお』にもたくさんの詩が載っています。その中から二つの詩を紹介します。

一つは、宮窪小学校二年生のふじもとあやかさんの詩です。弟のこうき君が生まれた時のことを詩にしています。

お母さん、ありがとう

宮窪小二年　ふじもとあやか

お母さん、ありがとう。
こうきをうむ時
お母さんの手をにぎってたね。
お母さんが
いっしょうけんめい
こうきをうむのを見て

なみだが出たよ。
わたしがうまれるときも
お母さんは
たいへんだったんだね。
ありがとう
おかあさん
うんでくれて

もう一つは、下朝小学校六年生の鳥越峻平くんの「ぼくの夢」という詩です。

ニュースを見ていて目がくぎづけになった。
そこに映っていたのは、
消防士になる訓練の様子。
はしごをかけてかけ上り、
ダミーの人形を背負って救出。
重いホースをかかえて走り、
くるっと伸ばして消火。

空中にロープをはってビルを渡っていく。
胸が熱くなった。
ぼくも消防士になりたい。
人を危ない所から助けたり、
人を救ったりするような仕事に、
前からずっとあこがれていた。
どんな人も
命がなくなってはいけない。
なくしてはいけない。
なくさせない。
こんな気持ちが、今の自分に強くある。

二つともすばらしい詩ですね。皆さんも、感動したことや強く思ったりしたことを詩にして、高知県の児童詩集『やまもも』にぜひ載せてください。楽しみにしています。

（二〇一五年一一月一六日）

(10) 科学の祭典に参加して

昨日（一二月六日）の日曜日、高知大学で「青少年のための科学の祭典」、科学のお祭りがありました。そこでは、電気がおこる仕組みを説明するところがあったり、ロボットでゲームを楽しむところがあったり、万華鏡やストローで笛を作ったり、貝殻アクセサリーを作ったりするところなどがたくさんありました。附属小学校の児童もお母さんもお父さんも来ていました。私は、ブーメラン作りをしたり、ペットボトルロケットをつくって打ち上げるところを見たりしました。

ブーメランは遠くに投げようと思っても、回転しながら大きく円を描くように飛んで戻ってきます。三つの翼・羽がありますが、その羽の一つ一つは、片方が丸く膨らむように曲げてあります。これを投げると円を描くように飛んで戻ってきますが、なぜでしょうね。誰か、教えてくれるとうれしいですね。分かった人は、後で、教えてください。

もう一つ、ペットボトルロケットを作るところと、打ち上げるところを見ました。特に打ち上げは驚きました。水を入れたロケットに空気入れでいっぱい空気を入れた後で、飛ばします。多くのロケットが、水を吹き出しながら、すごいスピードで飛んでいきました。中には、遠く一〇〇メートル近くとんだロケットもありました。

しかし、なぜそんなに飛ぶのでしょうか。水を入れたロケットに空気入れでたくさんの空気を押し込むと、空気はロケットの中にぎゅうっと押し込められます。ぎゅうと押し込められた空気は、すごい力で広がろうとするそうです。その広がろうとする力をロケットのおしりから出るようにすると、入っていた水をすごい勢いで押し出します。その押し出す力でロケットは勢いよく空に向かって飛んでいくのだそうです。

皆さんも自然観察をしたり、実験をしたり、物作りをしたりしながら、科学の面白さを体験してみるとよいと思います。※実物を示して話をする。　（二〇一五年一一月七日）

(11) 夢を追い続ける

皆さんは、女子サッカーの澤穂希選手のことを知っていると思います。澤選手は、一昨日の一二月一六日に、今季限りで引退することを発表しました。全国に、とても残念に思った人がたくさんいることだと思います。

澤穂希選手は、東京都の出身で、小学校二年生のときに、お兄さんと一緒に地域のサッカークラブに入りました。中学校からは、日本代表選手が多く入っている女子サッカークラブに入団し、一五歳の時に日本女子代表に選ばれました。その後、三七歳の現在まで素晴らしい活躍をし、いくつもの賞を取っています。

高学年の皆さんは知っていると思いますが、澤穂希選手は、二〇一一年のＦＩＦＡ女子ワールドカップ・ドイツ大会で、なでしこジャパンのキャプテンとして出場し、決勝戦はアメリカと対戦しました。残り三分の時のスコア（得点）は、二－一、アメリカ二点、日本一点です。日本は負けていました。残り三分で日本は、コーナーキックを得て、宮間選手がボールを蹴りました。低い勢いのあるボールに澤選手が飛び出て、右足で横に蹴るようにして合わせ、ゴールすることができました。これで二－二の同点になり、アメリカと日本の選手五人のPK戦になりました。日本は先に三つのシュートを決めて、念願の優勝を果たしました。そのときは、日本中で大喜びしたと思います。

澤選手は、小学校でサッカーを始めてからずっと、夢を追い続けて、ついに世界大会で優勝し、オリンピックでも二位になりました。澤選手は、「夢は叶えるためにある」と言っています。夢を持ち、夢は叶うものと信じて努力したことによって、夢を叶えることができたのです。

皆さんも、二〇一四年が終わり、新しい年を迎えるこの冬休みに、改めて自分の夢を考えてみましょう。夢のある人は、どうすれば叶うかを考えてみましょう。私もまだ夢を持ち続けたいと思います。私の夢の一つは、この附属小学校を素晴らしい学校にしたいということです。二つ目は、日本の学校の国語の時間を楽しいものにしたいということです。

さあ、いよいよ冬休みです。事故に遭わないように、病気にならないように気をつけて、元気に過ごし、来年一月七日に元気な顔を見せてください。（二〇一五年一二月一七日）

(12) 私の初詣——三学期始業式

明けましておめでとうございます。皆さんはそれぞれ良い年を迎えたことと思います。大きな病気に罹ることなく、事故に巻き込まれることもなく、みんなが元気に新年を迎え、三学期の始業式を迎えられたことをうれしく思います。

皆さんは、大晦日から元旦にかけて、どのように過ごしましたか。私は、久しぶりに家族のいる大阪に戻って過ごしました。大晦日、一二月三一日の夜、年が変わる一二時前に家を出て、家の近くの神社に初詣に行きました。年が明けるのを待って多くの人に混じってお参りをしました。私は、四つのことをお願いしました。まず、一つ目は、家族の健康と安全をお願いしました。次に、家族の一人一人が自分らしく力を発揮できるように、力を出し切って過ごせるようにと祈りました。三つ目は、私の研究が進むようにとお願いしました。四つ目は、世界が平和になるようにと祈りました。

皆さんの中には、初詣に行った人も多いと思います。それぞれが願いをしたことと思います。行かなかった人も、今年こそこうしたいという決意や願いや、夢や希望を持ったことだと思います。

皆さんは、一年の計は元旦にあり、ということばを知っていますか。一年の計画を実行するためには最初の計画が大事だという意味です。この一年は、元旦の決意や願い、夢を忘れることなく、大事にして、元気で、それが実現するように努力してほしいと思います。

私も忘れないようにして、努力したいと思います。

（二〇一六年一月七日）

(13) 小学生時代の雪の日の思い出

冬らしく寒い朝を迎えました。昨日から冷え込んできましたが、寒い日がしばらく続くようです。皆さんが宿泊訓練で行った天狗高原は、雪が積もっているかもしれません。

さて、今日は、私が小学生だった頃の思い出を話したいと思います。

私が生まれた所、故郷は、愛媛県で、高知県との境目の山間部にある広見町、今は名前が変わり、鬼北町というところです。須崎市から天狗高原の方に車を走らせ、天狗高原の麓を通り、県境を抜けて愛媛県に入ると、そこが鬼北町、私の故郷です。

私が小学生の頃は、今よりも寒くて、一年に二・三回、雪が三〇センチくらい、皆さんの膝下くらいまで積もることがありました。雪のために学校が休みになると、友達と一緒になって、家の前の田んぼで、まず雪の大きな玉を作ります。小さな雪のボールを作り、それを転がしてどんどん大きくしていくのです。雪は溶けかけたくらいがよくくっつきます。大きな雪の玉を四つほど作ると、それを集めて上から雪を積んで、一つの大きな雪の塊にします。そしてスコップで雪の大きな塊に穴を開けていきます。穴を広げて、掻き出した雪は雪の塊の上に積んで、また、穴をトンネルのように掘って広げていきます。そして、三人くらいが入れる雪の家、「かまくら」を作りました。身体を小さくして中に入っておしゃべりしたり、それを砦、要塞にして雪合戦をしたりして遊びました。

また、私の家の前の田んぼの向こうには道路があって、ゆるやかな下り坂になっていました。雪が積もると、竹で作ったスキーで、その坂を滑ります。竹のスキーは、皆さんが運動会の時にマスト登りに使うくらいの竹を半分に割って、竹の先をたき火であぶり曲げて、作るのです。これは、父親に作ってもらいました。その竹のスキーの上に乗って、杖を持って滑ります。そりをつっくってもらった子もいました。それをもってみんなで転びながら何度も滑ります。楽しい時間でした。

まだ、テレビもなければ、パソコンもない時代です。いまでは、私の、懐かしい思い出になっています。

（二〇一六年一月一八日）

(14) 身近な不思議から発見へ

一月三〇日（土）の午前中、高知市科学展覧会に行きました。附属小学校の児童の研究もたくさん展示されていました。特賞：三名、優秀賞：一四名、佳作：一一名で二八名の児童が入賞していました。

どの研究も、私たちの暮らし、生活に直接関わるもので、不思議だと思ったり、なぜだろうと疑問に思ったりしたことを、調べたり、観察したり、実験したりして、科学的に研究してまとめていました。どれもすばらしく、いろいろなことを教えられました。

例えば、ビタミンCは、ウーロン茶にも含まれている。油性インクとすみ（習字で試用）は汚れが落ちにくいが、ポリエステルやナイロンについた汚れは落ちやすい。地震のときに起こる液状化（地震の揺れで地面の土や砂に水に溶けて地面が泥水のようになること）は、実験では砂よりも赤土のほうが液状化しやすいということです。砂鉄は久万川が一番多いそうです。メダカの種類の錦メダカは、川底や周りのイロに合わせて身体の色をかえるものもいるそうです。このように展覧会にいってたくさんのことを教えられました。

面白かったのは、三年生のI・Mさんが研究した「ちりめんモンスターをさがせ」という研究です。I・Mさんは、ちりめんじゃこを食べた時に、ちいさなエビやタコが入っているのを見たそうです。この小さなエビやタコなどを「ちりめんモンスター」（チリモン）というそうです。ちりめんじゃこの中にどのくらいチリモンがいるか、I・Mさんは調べました。ふつうにスーパーで売っているのは、チリモンが入っていると売れないので取り除いているそうです。そこでチリモンがはいったままで売っているちりめんじゃこを和歌山から取り寄せ、調べました。調べたのは、三〇グラム（五〇〇円玉四枚と一円玉二枚の重さ）です。三〇グラムにチリモンとジャコは何匹いたでしょうか。合わせて二六二五匹です。そのうちチリモンは一七七五匹いました。チリモンで一番多かったのはエビ・オキアミで七二〇匹いたことが分かりました。I・Mさんは、これを全部かぞえて、小さな小さなじゃこを紙の上に全部貼り付けていました。

皆さんも、身の回りの、小さな不思議や疑問を大事にして、調べたり、観察したり、実験したりして、たくさんのことを発見してほしく思います。

（二〇一六年二月一日）

(15) 地震に備える

今日は、二月末の二九日で、あと一〇日あまりで三月一一日の東日本大震災が起きた日になります。東日本大震災は、五年前の、二〇一一年三月一一日、午後二時に、東北、宮城県仙台市から七〇キロメートル沖の海底で発生しました。マグニチュード九というこれまでにない最大の地震が起こり、巨大な津波が起こり、町や家、人を飲み込んで大きな被害がでました。死者は、一五八九〇人、行方不明者は二五八九人になるそうです。また、福島県にある福島第一原子力発電所も津波で被害を受け、一～三号炉が大きく破壊され放射性物質が広い範囲を汚染しました。そのために住んでいた家に帰れなくなった人が今も大勢います。

高知県でも、南の海底で南海トラフ地震が、三〇年以内に起こる可能性が高いと言われています。三〇年以内というと三〇年先かもしれませんが、今日起こるかもしれないということです。高知県では、震度六から七の揺れが起こるとされています。震度六や七の揺れが起こると、立つことができず、家などの建物が傾いたり倒れたりします。場所によっては、町全体が破壊されるほどの大きな津波が来るとも言われています。

私たちは、まず、自分の命を守ることができるように備えておくことが必要です。

①テレビやラジオ、携帯電話などによる緊急地震速報で地震が来ることが分かると、すぐに机の下やテーブルの下など安全なところに身を隠し、頭を守ります。ブロック塀など倒れる恐れのあるものから離れて身を守ります。

②揺れが止まってもすぐに動かず、すぐに建物から飛び出したりしないで、よく安全を確かめてから避難します。

③津波が来ますので、周りを見回し、近くの高いビルや場所に避難します。遠くに逃げようとするのではなく、まず、近くの高い安全なところを目指して避難します。

④家族のことを心配して家に戻ろうとしたり、約束した避難場所に行こうとしたりしないで、まず、自分が安全な高い場所に避難することが大事です。「つなみてんでんこ」ということばがあります。これは、家族や友達のことを考えず、まず、それぞれが自分で逃げろということです。家族も友達もきっと自分の力で逃げていると信じて逃げると言うことです。

その他、日頃から、地震が起こり、津波が襲ってきたらどうするか、家にいたら、通学の途中だったら、学校にいたらと考えてしっかり準備しておくことが大事です。そうすることが、自分や友達や家族の命をまもることに繋がるのです。

（二〇一六年二月二九日）

二　児童の成長を見つめて――学校行事を中心に

（一）念ずれば花開く（二〇一二年度）

1　三つの約束

(1) 三つの約束 ― 入学式

新入生の皆さん、入学おめでとうございます。皆さんが入学するのを、先生方は楽しみに待っていました。附属小学校の二年生、三年生、四年生、そして五年生、六年生のお兄さん、お姉さんも、皆さんの入学を心から喜んでいます。でも、附属小学校の本当の子どもになるには、私、校長先生と三つの約束をしなければなりません。一つは、優しい心で、友だちと仲良くすることです。二つ目は、友だちといっしょに協力してしっかり勉強することです。三つ目は、身体を強くし、命を大切にすることです。さあ、皆さんは、三つのことを校長先生と約束できますか。できる人は、手を高く挙げて下さい。約束できますか。みんな約束できましたね。これで皆さんは、附属小学校の子どもです。

これから、お父さん、お母さん、保護者の皆さんにお話しします。少し待っていて下さい。保護者のみなさま、本日はおめでとうございます。愛情一杯に育ててこられたお子様が本日、附属小学校に入学されました。心からお慶び申し上げます。

この附属小学校は、明治一一年八月（一八七八年）に師範学校の附属として創立されました。昭和五二年（一九七七年）に一〇〇周年を迎えました。現在は、一三四年目を迎えたところです。附属小学校の歴史は、日本の明治以来の歴史にほぼ重なります。附属小学校には、時代、時代の求める理想の教育を追求してきた長い歴史、伝統があります。この歴史と伝統は、教師によってのみ築かれたものではありません。それを支える保護者のみなさまのお力添え、地域のみなさまの支えによって築かれてきました。私たちは伝統を受け継ぎ、さらに発展させ、お子様をしっかり育てて参りたいと思います。どうぞ、附属小学校の教育をご理解いただくとともに、附属小学校の教育にお力添えをいただき、ともにすばらしい教育を創っていきたいと存じます。どうぞ、これからよろしくお願い申し上げます。

新入生の皆さん、これで話はおわりです。さあ、今日からいっしょに附属小学校の子どもとしてしっかり約束を守って、楽しく過ごしましょう。

（二〇一一年四月七日）

2　楽しみながら学ぶ ― 修学旅行

(1) 楽しみながら学ぶ ― 修学旅行における出発式での団長挨拶

皆さん、お早うございます。修学旅行の出発の時が来ました。これから大阪、奈良、京都、神戸、須磨、淡路など、京阪神を中心に旅行をします。皆さんは、総合の時間に行く所、訪問する場所を調べて旅行の栞を作っています。そこにまとめたものを実際に目で見、お話を聞くということになります。実際のものを見、あるいは触れ、お話を聞くことで、驚き、感激し、あるいは感動するかもしれません。驚き、感激し感動することで調べたことが心に刻まれます。本当に理解されるのです。そして、そこから考えてほしいと思います。どのようにして創ったのだろうか、なぜ創ったのだろうか、どのような気持ちで人々は受け継いできたのだろうか。そのようにして日本文化について考えてほしいと思うのです。ユニバーサルスタジオにも行きます。楽しみならしっかり学んできましょう。

保護者の皆様、本日は早朝からお見送りいただきありがとうございました。子どもたちは、短い時間に成長します。四日後には、少し成長した姿で戻ってくることだと思います。私たちは、安全面についても精一杯に配慮し、無事に戻って参りたいと思います。どうぞ、楽しみにお待ち下さい。本日は有難うございました。

（二〇一二年四月一一日）

(2) 心に刻まれたもの ― 修学旅行を終えて

さあ、附属小学校に帰ってきました。充実した修学旅行もいよいよ終わりです。

この旅行では、たくさんのものを見、またお話を聞き、体験をしてきました。たくさんのことに驚き、感激し、感動したのではないでしょうか。たくさんのことが心に刻まれていると思います。

私は、東大寺のことが心につよく残っています。桜は満開で、青空に大仏殿の鴟尾が金色に輝いていました。大仏様は、高さが、何メートルでしたか？一六メートル、蓮の台座からすれば一八メートルでしたね。大仏様を守っているのは？そうです。四天王でしたね。その一人、広目天は鬼を台にして立っていました。鬼は、広目天が立つための支えの台になったのでしたね。優しい鬼の心が印象的でした。

皆さんも心に刻まれたものがたくさんあると思いますが、それは、なぜ作られたのだろう、どのように作られたのだろう、そして、どのような気持ちで見守ってきたのだろうとあらためて考えてほしいのです。見聞きしたことを切っ掛けにして学びを深めてほしいと思います。

さて、保護者の皆様、お出迎え有難うございました。無事に帰って参りました。子どもたちは、たくさんのことを経験してきました。たくさんの話したいことを持っていると思います。どうぞ、今日は、たくさんのことを聞いてあげてほしいと思います。また、充実した修学旅行だっただけに、かなり疲れているかと思います。今日は、ゆっくり休ませるようにしていただきたいと思います。本日のお出迎えに深く感謝します。有難うございました。

（修学旅行解散式での団長の挨拶　二〇一二年四月一四日）

3　清掃活動

保護者の皆様、児童の皆さん、清掃活動へのご協力有難うございました。

朝の内は、曇っており、清掃日和だと思って喜んでいましたが、途中から強い日差しが降り注ぎ、厳しい暑さになりました。そのような中で、清掃活動に一心に取り組んでくださったことに深く感謝いたします。

本日の清掃活動によって、二学期に向けての環境整備もほぼ整いました。新しい学期に、児童は整った環境の中で、勉強に、運動に精一杯に取り組んでくれると思います。

私ども教職員も、また、皆様のご協力を頂きながら、児童の育成に精一杯に取り組んで参ります。今後ともどうぞ、よろしくお願いいたします。（校内放送による）

（二〇一二年八月二五日）

4　記録よりも、自分らしく泳ぐ ― 水泳大会五・六年生

皆さんこんにちは。

このところ雨の多い日が続いていましたが、今日は、水泳大会にふさわしい晴天に恵まれました。自分の力を精一杯発揮して、いい記録をだして欲しいと思います。

この夏に行われたロンドンオリンピックのアスリートたちが、試合に臨んで抱負を述べていたのが、印象に残っています。

例えば、なでしこジャパンのキャプテン宮間あやさん、また沢穂希さんは、二人とも最高の仲間と自分たちのサッカーができたら、結果はあとから付いてくると思います、と話していました。背泳ぎの銀メダリスト入江陵介選手も、自分の泳ぎで力を出し切りたい、そうすることでメダルを獲得したいと言っていました。同じようなことを多くのアスリートが語っていました。金メダルを取ることを望むことよりも、自分らしく、力を最大限に発揮することに集中しようとしていることが、印象に強く残りました。

皆さんも、結果を考えるより、練習してきた自分の力を出し切る泳ぎを一番に考えるとよいと思います。それが競技をするとき、一番大事だと思います。記録よりも、自分らしく、精一杯泳ぐことに集中して、しっかり泳いで欲しいと思います。

（二〇一二年九月五日）

5　運動会、大声援に力湧く

(1) 運動会総合練習

どこまでも晴れ上がった良い天気になりました。

運動会が八日、日曜日に迫ってきました。

運動会には、お父さん、お母さん、おじいさん、おばあさんも、そして、お兄さん、お姉さんも観に来られると思います。また、地域の皆さんも観に来られることでしょう。

運動会で、皆さんに、応援していただけるよう、今日は、しっかり練習しましょう。

（二〇一二年一〇月三日）

(2) 運動会、大声援に力湧く――大運動会挨拶

秋晴れのさわやかな天気になりました。いよいよ運動会の始まりです。

今日は、児童の皆さんのご家族や地域の方々など、たくさんの方々が運動会を見に来て下さいました。心からお礼を申します。

児童の皆さんは、この運動会で、ねばりづよく、あきらめることなく、はつらつとして、運動会の歌にもあるように、ふだんの力をためしてもらいたいと思います。赤・白組の団体戦もありますが、赤組、白組、それぞれ仲良く協力して、よく考えてチームの優勝を目指してください。

児童の皆さんの一生懸命な姿には、ご家族の皆さん、地域の皆さんから大きな声援と拍手をいただくと思います。

運動会、大声援に力湧く。

私の作った俳句です。私も、皆さんに声援と拍手を送りたいと思います。

さあ、運動会の始まりです。運動会を楽しみながら、全力を出し切りましょう。

以上でお話を終わります。

（二〇一二年一〇月七日）

(3) 三つの感想 ― 運動会のお疲れ会での挨拶

皆さん今晩は。

先生方には、教育実習が終わったあと、すぐさま運動会に向けて準備が始まったということで、息つく暇もない多忙な時間を過ごされたと思います。先生方のご尽力のお蔭で、大成功の内に運動会を終えることができました。

本日の運動会について、三つの感想を述べたいと思います。

一つは、附小の運動会が、華美に流れず、健全であると感じました。健全な中に体力育成の要素が多様に組み込まれていると感じました。伝統種目の「めざせ頂上」（マスト登り）と、「附小競輪」が、私の好きな種目になりました。

二つ目は、四年生以上の児童の係活動についてです。審判、招集、放送、指揮、道具などの係をよくこなしていたということです。これも先生方のご指導の成果だと思いますが、頼もしくもあり、見て、誇らしげな風でもありました。リーダーシップの育成の契機が運動会にあると思いました。

三つ目は、児童の顔が非常に良かったということです。運動会がいやという児童もいそうに思いましたが、見ている限り、よい顔をして精一杯にやっていたと思います。

児童が閉会式で挨拶をしました。その中に、次は音楽会とありました。私自身は、指揮を命じられていることもあって、不安な思いでいます。どうぞ、次もよろしくお願いします。

（二〇一二年一〇月七日）

6　歌声と演奏の美しさ ― 音楽会

(1) 三つの大切なこと ― 第六三回音楽会での午前の部の挨拶（児童向け挨拶）

皆さん、今日は。第六五回　音楽会の一部が終わりました。どうでしたか。すばらしかったですね。美しい曲、そして楽しい曲が、体育館に響いていました。私も、皆さんと同じように、楽しみながら、感動しながら聞いていました。

私に感動を与えてくれた皆さんに感謝したいと思います。ありがとう。

さて、音楽会では、大切なことが三つあります。

一つは、一年生がはじめのあいさつで言っていたように、心を合わせて歌い、演奏することです。二つ目は、歌や曲を心と一緒に、聞いている皆さんに届けることです。自分たちで歌い、演奏することを楽しむのではなく、皆さんにしっかり届けることです。三つ目は、届けられた曲を、心でしっかり聞いてあげる、受け止めてあげることです。

今日、会場が騒がしいということで、何度も注意されたことは残念です。

さて、これから第二部が始まります。そして、午後には、たくさんのお父さん、お母さん、保護者の方や地域の方が来られます。皆さんに、しっかりと美しい曲、楽しい曲と一緒に皆さんの心を届けましょう。以上で挨拶とします。


（二〇一二年一一月三日）

(2) 歌声と演奏の美しさ ― 第六三回音楽会　午後の部の挨拶（一般向けの挨拶）

皆さん、今日は。第六三回音楽会に多数お集まり下さり、有難うございました。第一部が終わりましたが、皆様にはいかがだったでしょうか。（拍手）今、拍手を頂きました。（さらに大きな拍手）有難うございます。皆様の拍手によって、児童も大きな励ましを得たと存じます。

附属小学校は、毎週、水曜日の朝に全校音楽朝の会を行っています。私が附属小学校に着任いたしまして、初めて音楽朝の会に参加しまして、その歌声が響き渡っていることに心打たれるような思いを致しました。そのような音楽活動の積み重ねとともに、この音楽会を目標に、皆様にお聴かせしようと児童は練習を重ねて参りました。そして見事な歌声、演奏を届けてくれたと思います。

このような音楽活動をとおして、児童は、伸びやかな、健やかな、広やかな、そして、豊かな、美しい心を育んでいると思います。

さあ、これから二部が始まります。みなさまには、存分にお楽しみ頂くとともに、児童に対して惜しみない拍手を頂きますことをお願い申し上げて、私の挨拶と致します。

本日は、本当に有難うございました。

（二〇一二年一一月三日）

(3) 聴き応えのある音楽会 ― 音楽会後の懇親会挨拶

先生方、本日の音楽会の開催、お疲れでした。とりわけ音楽の先生方は、多忙で、ずいぶんとご苦労をされたと思います。六三回にわたる伝統的な音楽会に一三〇〇人を越える保護者、地域の方が参加されたということです。盛会で大成功の裡に終えることができたと思います。児童は、合奏、合唱も一生懸命に取り組み、低・中・高の学年ごとに見応えのあるもの、聴き応えのあるものでした。保護者にも満足していただいたものと思います。児童は、環境が整い、すばらしい指導を受けることで大きく伸びることも、音楽会をとおして実感したことです。

先生方も、心の内で満足されたものと思います。ほっとされてもいることと思います。この後は、大いに盛り上がって楽しんでいただければと思います。本日は、本当にお疲れでした。

（二〇一二年一一月三日）

(4) 音楽部の先生方に感謝 ― 音楽会の懇親会の席で

音楽部の先生方、本当にお疲れでした。先生方には、ねぎらいのことばを申し上げるよりも、私の正直な気持ちとして、先生方に感謝したいと思います。今日は、午前の挨拶の中で、児童に感謝しましたが、かけがえのない時間を与えて下さった先生方にも、深く感謝申します。

個人的なことを言えば、私の場合、小学校二年生くらいで遠ざかっていた音楽のよさを、今回、見直させ、音楽に近づけていただいたと感じます。私にも指揮という小さな試練を与えていただきました。麦わら帽をかぶり、最後に高く放り投げるということもさせていただきました。試練ではありましたが、楽しみながらやってみようという気持ちで取り組むことにしました。得難い経験であったと思います。

来年は楽器で合奏に加わるということですので、何かできるようになればと思います。本日は、お疲れでした、また、有難うございました。

（二〇一二年一一月三日）

7 自分に負けない心で ― マラソン大会（一年生）

皆さんこんにちは。いよいよマラソン大会が始まります。今日はよいお天気で、お日様も皆さんを応援してくれてるようです。マラソンは、一生懸命走って下さい。走るときには、負けない心をもって走ってほしいと思います。

負けない心は、友達に負けないというのではありません。自分の心に負けないということです。しんどいな、苦しいな、やめようかな、という自分の心に負けないで、走り切ってほしいと思います。

一番になるのが、一番素晴らしいというのではありません。自分の心に負けないで、走り切ることが素晴らしいのだと思います。

さあ、みんな力いっぱい走りましょう。これで、校長先生のあいさつを終わります。

（二〇一三年一月一九日）

8　お友だちとのたくさんの思い出（卒園式での祝辞）

卒業する園児の皆さん、おめでとうございます。

保護者の皆様、担任の先生方にもお慶び申し上げます。

さて、私は附属小学校に勤めていますので、小学校から皆さんが遊んでいるところをよく見かけます。皆さんが楽しそうに、元気に遊んでいるところを見ると、私も楽しい気持ちになります。

園児の皆さんは、園の庭で楽しく遊戯をしたり、かけっこをしたり、みんなで力を合わせて運動会をしたりしながら、強い身体を作ってきたと思います。身体もずいぶん大きくなりましたね。

そして、お友達と仲良く歌を歌ったり、絵をかいたりと一つのことをしっかりやりとげながら、心も強くしてきたと思います。

強い身体と心をもって、今日幼稚園を卒業することをうれしく思います。

そして、この付属幼稚園とお友達とでたくさんの思い出をつくってきたと思います。それを大事にもって、幼稚園を卒業し、四月には附属小学校に入学してください。

附属小学校のお兄さん、お姉さんは、皆さんが入学するのを楽しみにして待っています。皆さんと四月に、また、附属小学校で元気に会いましょう。

園児の皆さん、卒園、本当におめでとうございます。これでお話をおわります。

（二〇一三年三月二〇日）

9　念ずれば花開く ― 卒業式

(1) 贈る言葉 ― 念ずれば　花開く ―

明るい光の中、桜もほころびかけてきました。附属小学校も花の季節を迎えつつあります。この美しい季節に、六年生の皆さんは、母校、高知大学教育学部附属小学校での六年間の課程を終え、本日、卒業いたします。皆さんの卒業を心からお祝いしたく思います。また、お集まりの保護者の皆様、お子様のご卒業、おめでとうございます。成長した我が子をご覧になり、感慨もひとしおかと存じます。心からお慶び申し上げます。

さて、卒業にあたって、児童の皆さんの心には、附属小学校での様々な思い出がが浮かんでいることと思います。六年生の一年間を振り返っても、四月早々の京阪神方面への修学旅行、白雲荘での宿泊訓練、二学期初めの水泳大会、一〇月の大運動会、一一月の音楽会、附属祭り、二月の校内展など、ひとつひとつがかけがえのない思い出として心を豊かに彩っていることと思います。皆さんは、最上級学年として、多くの行事で中心的な役割を担ってくれました。頼もしく誇らしげな姿は、今も印象に鮮やかです。これで皆さんは、附属小学校を卒業しますが、これら豊かな思い出の数々を糧に、自分を大切にして、さらに成長していって欲しいと思います。

皆さんの心に刻まれている社会的な出来事としては、二年前の三月一一日に起こった東日本大震災があると思います。大地震と津波、加えて原子力発電所の事故が大きな被害をもたらせました。未だに行方不明の方々があり、帰るべき故郷も失って、人々の悲しみは消えることなく続き、深まっています。しかし、この大惨事によって孤立を余儀なくされながら、見知らぬ被害者を自分の家に招き入れ、長期間にわたって家族のように暮らした人々、瓦礫を除き、道路を整備し、自ら町の復興に立ち上がった人々、家族を亡くした悲しみを抱えながらも、行方不明者の名簿を作り、一日でも早く亡くなった人を家族の元に返そうと寝食を削って捜索活動をした人々がいたことを心に留めたいと思います。私はそのような人々の姿に学びたいと思います。卒業する皆さんにも、そのような人々の姿に学び、これから大人へと成長していく過程で、ほんとうの優しさと強さを身につけていって欲しいと思います。

最後に、これから卒業していく皆さんに、「念ずれば　花ひらく」ということばを贈ります。これは、坂村真民という詩人の詩の一節で、私を今も励まし続けてくれていることばです。「念ずる」ということばは、「祈る」という意味と「耐える」という二つの意味があります。自分の夢を心に抱いて、様々な夢を阻む障害があっても、耐え抜き、その実現を祈り続けるということです。夢の実現を願い、耐え続け、祈り、努力することによって、「花開く」、つまり、夢や願い事が、花が開くように実現していくというのが、このことばの意味です。

これから皆さんは、急速に大人に向かって成長していきます。様々な葛藤があり、心が折れそうになることもあるかもしれません。そのような時にこそ、このことばを思い起こし、耐えて祈り続け、自らの夢を花開かせていって欲しいと思います。

皆さんの門出を祝し、前途への期待を込めて、贈ることばと致します。

以上で、お祝いのことばと致します。

（二〇一三年三月二一日）

(2) ソメイヨシノの開花とともに（低学年とのお別れ会）

六年生の皆さん、卒業おめでとうございます。

昨日、お城のソメイヨシノが開花し、高知が日本で一番に桜が咲いたということです。この美しい花の季節に、六年生の皆さんは卒業します。

低学年の皆さんは、六年生が卒業することが寂しく、悲しく思われるかもしれません。低学年の皆さんは、運動会や音楽会でいろんなことを、六年生から教わり、六年生の素晴らしさを見てきました。掃除の縦割り班では、掃除の仕方もていねいに教えてもらいました。一緒に遊んでももらいました。ですから、六年生とお別れするのが悲しいと思う人も多いでしょう。

しかし、六年生は、たくさんの思い出と夢を持って卒業します。思い出を力にし、夢を実現できるようにこれから努力していきます。卒業はそのための出発です。

低学年の皆さんは、応援する気持ちで、卒業するお兄さん、お姉さんを送ってあげましょう。

六年生の皆さん、本当に、卒業おめでとうございます。

（二〇一三年三月一九日）

(3) 六年生のお兄さん、お姉さんを目標に

六年生の皆さんは、今日、附属小学校を卒業していきます。六年生と一・二年生の皆さ

んとはお別れすることになります。

一・二年生の皆さんは、六年生のお兄さん、お姉さんと、縦割り班で一緒に掃除をしました。また、平和集会では折り鶴を一緒に折りました。運動会では赤白に分かれて、六年生と一緒になって勝ち敗けを競いました。音楽会も一緒にしましたし、お別れ運動会も思い出に残っています。六年生がいたことで、楽しさが二倍にも三倍にもなったのではないでしょうか。

一・二年生の皆さんは、六年生と一緒に、いろいろなことをしながらたくさんのことを教えてもらいました。そしていろいろなことができるようになりました。その六年生のお兄さん、お姉さんとお別れするのは、寂しく悲しいことだと思います。しかし、六年生のお兄さん、お姉さんは、これから、大人になるための学校、中学校へ進学するのです。六年生の皆さんにとっては、卒業は、新しい世界への出発なのです。ですから、寂しい気持ち、悲しい気持ちはあるだろうけれども、お兄さん、お姉さんの出発を、一・二年生の皆さんは、おめでとう、とお祝いしてあげなくてはなりません。

そして、一・二年生の皆さんは、六年生のお兄さん、お姉さんのようになることを目標にして、これからいろいろなことを勉強して、体も心も強くしていってほしいと思います。

これでお話を終わります。

（二〇一三年三月二一日）

(4)「旅立ちの期待とさびしさポケットに」――卒業式後のお別れ会（挨拶）

保護者・PTAの皆様、本日のお別れ会をご用意くださり、ありがとうございました。教職員一同、深く感謝申し上げます。

改めまして、本日のお子様のご卒業、おめでとうございます。心からお慶び申し上げます。お子様は、本日、どのような思いで卒業を迎えたのでしょうか。卒業式を題とした俳句がありますので二句紹介したいと思います。

まず、

　旅立ちの期待とさびしさポケットに　　I・M

もう一つ

　さみしいなそれでも未来へ羽ばたこう　Y・J

俳句を見ますと、児童は、母校を去りゆくことへの寂しさと新たな世界への期待を胸に卒業していったように思われます。

保護者の皆様はいかがでしょうか。卒業式において、成長した我が子をご覧になりながら、我が子が胸元から自立に向けて旅立つことへの一抹の寂しさもおありかと存じますが、それを超えて、大きな安堵と喜びに包まれたのではなかったでしょうか。

本校、四名の六年生の担任団もそれぞれに感慨深いものがあると思いますが、保護者の皆様と同様に、今大きな安堵と喜びが心を占めていることと思います。担任は、あるいは、附属小学校の教職員といったほうがよいのでしょうが、この大きな節目としての卒業が、個々の児童にとって最大限に豊かであることを願って日々努めてまいりました。保護者の皆様には、意に添わぬこともあったかと存じますが、教職員は、そのことを強く願って日々の教育活動に取り組んでまいったと存じます。

また、保護者の皆様には、本校で六年の間、PTA活動を中心として、私どもの教育の振興に鋭意努めてくださいました。このことにも、本校を代表してお礼を申し上げます。皆様にとりましても、お子様にとりましても、本校は、変わらぬ母校です。いつでもお寄りください。今後ともによろしくお願いしたく存じます。

さて、お子様方は、この卒業という節目を後にして、加速的に自立に向けて歩みを進めて行くと存じます。思春期にあって、様々な困難に出会うものとも存じます。しかし、どの子も伸びゆく力を持っていると信じます。

最後になりますが、お子様方の豊かな成長と多幸を願って、ご挨拶といたします。

（二〇一三年三月二一日）

（二）自らを見つめて（二〇一三年度）

1　未明の地震

(1) 成長する児童―修学旅行出発の挨拶

お早うございます。

昨日未明、五時三三分に淡路島で震度六弱の地震がありました。淡路島では五〇〇棟の建物に被害が生じ、五府県で二三人が怪我をしたことが報じられました。液状化も見られたということです。

このような淡路島の地震の現状、そして、震度五弱の余震が一週間のうちに起こる可能性があるという気象庁の発表を踏まえて、三泊四日の日程はそのままですが、四日目の淡路島を通るコースを変更することにいたしました。その他のコースにつきましては、ホテル、ＵＳＪ、水族館などの諸施設の安全性、耐震性を再度チェックし、安全であることを確認いたしましたので、計画通りに行うことにいたしました。

急なことではありますが、地震の発生にともない、お子様の安全を考えての変更ですので、ご理解いただきたく思います。

さて、児童の皆さん、一部変更がありますが、皆さんには、この修学旅行でたくさんのことを学び、友達と楽しい思い出をつくってもらいたいと思います。そして戻ってきたとき、お父さん・お母さん、保護者の方にたくさんのことを話してあげてほしいと思います。保護者の皆様、私は昨年も修学旅行に行きました。わずか三泊四日で児童は成長することを目の当たりにしました。お子さまが戻った時は、成長したお子様に会えると信じます。それでは、安全に気を付けて行ってまいります。お見送り、ありがとうございました。

（二〇一三年四月一四日）

(2) 大地震から復興した人々の力 ― 修学旅行解散式

保護者の皆様、お出迎え有難うございます。

六年生児童全員、無事に戻ってまいりました。児童はたくさんの体験をし、楽しい思い出を抱えています。ぜひ、保護者の皆様には、児童の話をお聞きいただきますとともに、ずいぶん疲れていると思いますので、ゆっくり休ませていただきたいと思います。これから解散式を行いますので、今しばらくお待ちください。

さて、児童の皆さん、三泊四日の修学旅行から全員が無事に帰ってきたことをうれしく思います。大阪科学博物館、羅城門、奈良の東大寺、若草山、京都の金閣寺、友禅染体験、須磨海浜水族館、人と防災未来センターを訪問し、たくさんのことを学び、楽しい思い出を抱えていることだと思います。

私は、東大寺の鴟尾が青空のもと鮮やかに輝いていたのが印象的でした。奈良の大仏盧舎那仏は、頭部が江戸時代、胴の部分が鎌倉時代、台座の部分が奈良時代に造られたものです。何度か戦火に見舞われましたが、その度に復元されてきました。時代時代のひとびとの仏教に対する深い信仰を知ることができました。それは現代にも繋がっているのです。もう一つ、人と防災未来センターでは、悲惨な大地震の現実を実感するとともに、そこから復興した人々の力を感じることもできました。ここで学んだことは、私たちの防災、減災に活かしていかなければならないと思いました。

今日は、家に帰ったら、保護者の皆さんに、いろいろな体験と思い出をたくさん話してください。そして、ゆっくり休んでください。

（二〇一三年四月一七日）

2　雨にも負けない ― 宿泊学習

(1) 電車のヒミツにワクワク ― 附属小学校二年生宿泊学習（開始式）

皆さん、お早うございます。

今日から、宿泊学習が始まります。皆さんの多くが、宿泊学習をワクワクしながら、楽しみにしていたと思います。私も楽しみにしてきました。

今日は、うちわづくり、土佐電鉄車庫見学、カレー作り、風鈴づくり、プール遊びなどをする予定です。

残念ながら、今日は、雨になりました。しかし、附属小学校の児童はこのくらいの雨には負けません。予定していた花火はできませんが、他は予定どおり行います。まず最初に、Aグループとグループに分かれ、うちわづくりと車庫見学に行くことにします。私も、皆さんと一緒に車庫見学に行きます。車庫に行くと電車の秘密が分かるのではないかと今から楽しみです。高知駅までは歩きますから、みんなで、事故に遭わないように気を付けて行きましょう。

これからの二日間、みんなで協力し、助け合って、楽しい宿泊学習になるようにしましょう。

これで、私の話は終わりです。


（二〇一三年七月三日）

(2) 楽しい思い出――二年生宿泊学習（解散式での挨拶）
昨日の朝は、いよいよ始まる宿泊訓練にわくわく、ドキドキしていたと思います。私も楽しみにしていました。それがもう解散式を迎えることになりました。

残念ながら雨が降って花火はできませんでしたが、土佐電鉄の車庫見学、うちわづくり、カレー作り、プール遊び、映画鑑賞、風鈴作りなどたくさんのことをしました。楽しい思い出ができたと思います。

皆さんは、この宿泊訓練で友達と助け合い協力することができましたか。仲よくすることができましたか。ともだちと協力し合って、助け合って、一緒にいろいろなことを体験しながら、もっと友達の良いところも見つけて仲良くなれたと思います。

私も皆さんと一緒に電車の車庫見学に行ったり、一緒に食事をしたり、体育館でゲームをしたり、皆さんの活動を見せてもらったりして、とても楽しい時間を過ごすことができました。皆さんにお礼を言います。ありがとう。

この宿泊訓練は、素晴らしいできであったと思います。

また、もう一つ大事なことがあります。それはたくさんの人にお世話していただいたことです。皆さんが高知駅に行ったり帰ったりしたとき、皆さんが通るのを自転車を止めたり、車を止めたりして待ってくれる人もいました。土佐電鉄の方には、皆さんを迎えに来ていただき、電車のことについていろいろなお話をしてくださいました。副校長先生も交通安全のために横断歩道で待っていただきました。保護者の方にもお付き添いや食事の用意をしていただきました。たくさんの人への感謝の気持ちも持ちたいと思います。

それではいよいよお別れです。楽しいお話を皆さんの保護者の方にもしてあげてください。これで話を終わります。

（二〇一三年七月四日）

3　自分の泳ぎを最後まで ― 水泳大会

(1) 元気いっぱい泳ぐ ― 低学年水泳大会（講評）

皆さん、水泳大会は楽しかったですか。天気もよく、楽しく、すばらしい水泳大会だったと思います。私からは、皆さんに、残念に思ったことを一つと、よかったことを三つ話したいと思います。

まず、残念だったことは、先生が話をしたり、注意をしたり、説明をしたりしている時に、おしゃべりをして聞いていない人がいたことです。いろいろなゲームや競技の説明をする時にしっかり聞いていないと困りますね。

次によいことです。一つは、一生懸命に競技ができたということです。二つ目に、途中であきらめず、最後まで粘り強くできたことです。三つめは、みんなで楽しく元気いっぱいにできたことです。

皆さんが楽しく泳いでいるのを見ていると、羨ましくて私も泳ぎたくなりました。これで今年の水泳は終わりです。今度は運動会があります。今日のように、元気いっぱい、楽しく取り組んでほしいと思います。

（二〇一三年九月六日）

(2) 自分の泳ぎを最後まで ― 高学年水泳大会（講評）

皆さん、本日の水泳大会は、素晴らしかったと思います。先ほど、成績発表がありましたが、それとは別に、講評をしたいと思います。私は、本日の水泳大会が四つの点から素晴らしかったと思います。

一つ目は、皆さんが自分の泳ぎをし、最後まであきらめることなく泳ぎ切ったということです。二つ目は、泳ぎが力強く、中に大変泳ぎのうまいものがたくさんいたということです。三つめは、みんなが協力して楽しく盛り上げたということです。最後に、応援の仕方がよかったと思います。前半は男子の応援がよく、後半は女子の応援がしっかりできていてよかったと思います。

皆さんは、これで附属小学校での水泳のすべてが終わりました。しかし、水泳は、自分のいのちを守るためにも大切です。どうぞ、これからも水泳に親しんでください。これからは運動会があります。みんなで協力し合って、すばらしいものにしてください。

（二〇一三年九月六日）

4　はつらつとして力をためす ― 大運動会

(1) 青空の下で ― 運動会の総合練習（挨拶）

皆さんお早うございます。

先ほどの入場行進は、よくできていたと思います。一・二年生は、よく手が触れていました。全体として、前横をよく見て揃うようにして行進できるともっと良かったと思います。

さて、今日は総合練習ですが、運動会の日には、皆さんのお父さん・お母さん、妹・弟、お兄さん・お姉さん、ご家族・保護者の皆さん、そして地域の皆さんがたくさん見に来ていただくと思います。そして、皆さんの応援をし、たくさんの声援を送って下さると思います。皆さんが、よかったと満足できる運動会になることも大切ですが、見に来ていただいた方々が、附属小学校の運動会はよかった、素晴らしかったと言っていただけるようにしたいものです。そう言っていただける素晴らしい運動会にするにはどうすればよいでしょう。それは、まず、今日の練習をしっかりすることです。

今日は、青空が広がっています。この青空の下で、のびやかにしっかり練習しましょう。

（二〇一三年一〇月二日）

(2) はつらつとして力をためす――運動会の挨拶

皆さん、お早うございます。

雨が心配されましたが、青空が見えて来ました。

今朝は、早くからお手伝いいただいた保護者の方もいらっしゃいました。運動会のために運動場の水たまりの水を吸い取ったり、土をかけたり、また、テントをはったりと準備をして下さいました。皆様のお蔭で運動会を開くことができました。感謝の心を忘れずに運動会を行いたいと思います。本当にありがとうございました。

さて、この日の運動会をたくさんの人が楽しみにしてきたと思います。皆さんのお父さん・お母さん、ご家族、保護者の方々、また、地域の方々もたくさん見に来てくださいました。心からお礼を申します。

児童の皆さん、見に来ていただいた方に、すばらしい運動会を見ていただきたいですね。

児童の皆さんには、これまで練習してきた成果を、この運動会でしっかり出し切ってもらいたいと思います。赤組、白組それぞれに協力して競い合い、真剣に、粘り強く、あきらめることなく、溌剌として力をためしてもらいたいと思います。

今日は、曇り空ですが、皆さんの熱気で厚い雲を吹き飛ばしてもらいたいと思います。そして、皆さんの心に残る楽しい大運動会にしてほしいと思います。

（二〇一三年一〇月六日）

5　響き合う大音楽会

(1) 歌い演奏する人と一緒に（大音楽会午前の部での児童向け挨拶）

顔を上げましょう。しっかりこちらを見てください。

皆さん、こんにちは。

第六四回音楽会の一部が終わったところです。すばらしい合奏、合唱だったと思います。私は、聞きながら何度も感動して涙がこぼれそうになりました。皆さんの歌声、演奏がすばらしく美しかったからです。また、合奏、合唱している皆さんが、一生懸命に歌声を、演奏を聴き手の皆さんに届けようとしていたからです。一生懸命な姿に見ていて涙が毀れそうになったのです。それほどすばらしい演奏会でした。

少し残念なのは、聞き手の皆さんの態度です。一部に話をしている人がいてざわついているところがありました。すばらしい音楽会は、歌っている人、演奏している人だけでできるものではありません。聞き手の皆さんがしっかり美しい歌声、演奏を、歌い演奏する人との気持ちと一緒に受け止めてはじめてできるのです。

音楽会の一部では、素晴らしい歌声、音色が体育館一杯に響いていました。第二部では、聴く人が、それをしっかり受け止めてすばらしい音楽会にして欲しいと思います。

（二〇一三年一一月九日）

(2) 響き合う音楽会（大音楽会午後の部での保護者向け挨拶）

皆さん、こんにちは。

本日は、第六四回音楽会のために多数ご参加くださり、有難うございました。音楽会第一部が終わりましたが、子どもたちの合奏・合唱はいかがでしたか。（拍手）有難うございました。また、本日は、音楽会のためにＰＴＡのコーラス部の皆さんが美しいハーモニーを聞かせてくださいました。この場を借りて深く感謝申します。有難うございました。

さて、子どもたちは、この音楽会で皆さんに美しい合奏・合唱をお聞かせしたいと懸命に練習を重ねてきました。午前の音楽会と比べて、皆さんがおいで下さっていることで、声に伸びが出て、音もよく出て音色もいっそう響き合っていると感じました。この音楽会への取組みの中で、子どもたちは、集中する力、一つのことをやり抜く力、協力して一つのことを仕上げていく力、とりわけ豊かな感性、心を育んでくれたものと思います。

美しい声、響き合う音色の素晴らしさに私も胸が熱くなるほどに感動して聞いていました。この声、響きは、一・二年生、三・四年生、五・六年生それぞれに、今でしか聞けない声であり音であると思います。かけがえのない美しさだと思います。いよいよ第二部の始まりです。すばらしい合奏・合唱を最後までお楽しみいただきますようお願いして、ご挨拶と致します。

（二〇一三年一一月九日）

(3) 感動と充実の一日（第六四回音楽会　慰労会での挨拶）

皆さん、今晩は。

本日の、第六四回音楽会で先生方、有難うございました。先生方がてきぱきと動く姿にいつもながら感じ入りました。

とりわけ音楽部の先生方は、楽譜づくり、編曲、児童の指導、吹奏楽部、合唱部の指導、加えて教員合奏の指導まで、大変だったと思います。本当にお疲れでした。お蔭さまで、素晴らしい音楽会になりました。

私は、先生方のこのご苦労に対して労いのことばも浮かびませんが、私自身感動して一日、聴かせていただきました。音楽会午前の部で、児童に私が感動して涙がこぼれそうになったと話しましたが、ことばの綾ではありません。個人的なことになるかもしれませんが、このように深く感動する、充実した一日を与えて下さったことに感謝します。

今は、皆さんそれぞれに、音楽会を終えてほっとしていることと思います。これからの時間、大いに楽しんでいただければと思います。本当に有難うございました。

（二〇一三年一一月九日）

6　自らを見つめて ― 卒業式 ―

(1) 贈る言葉 ― 自らを見つめて生きる

桜の蕾の先がほの赤く膨らみ、桜の便りもちらほらと聞かれるようになりました。春らしい爽やかな光と風に満たされた今日のこの日に、六年生の皆さんは、高知大学教育学部付属小学校の六年の課程を了え、卒業致します。皆さんの卒業を心から祝いたいと思います。

保護者の皆様も本日のお子様の姿をご覧になり、胸に迫るものがお有りかと存じます。本校に入学した時の幼い姿に、本日の姿を重ねれば、その成長ぶりは目に鮮やかであろうと存じます。心からお祝い申し上げます。

さて、卒業生の皆さんは、家族、友達、先生とのたくさんの思い出とともに卒業します。

私は、皆さんと行った修学旅行が心に深く残っています。直前に淡路島で震度六弱の地震が起こり、コースを変更して実施した修学旅行でした。京都では「然林坊」という旅館に泊まりました。後日、女将さんから手紙が届きました。児童の数名がある部屋に感謝の置手紙をしていたということで、その心遣いに感じ入ったという手紙です。私は、そのような心遣いのできる児童がいることがうれしく、温かい気持ちになったことでした。このような心温まる行為は、学校生活の中で、あるいは登下校の途中で、あるいは地域での生活の中で、きっとたくさんの児童がしていることだとも思いました。児童の心遣いと女将さんからの手紙によって、修学旅行は、私にとって心に残る、うれしい思い出の一つになりました。皆さんの附属小学校六年間の思い出は、仮に辛い、悲しいものであっても、そのどれもが自らを育み、これから豊かに生きる力になると信じます。

昨年一〇月に、高知出身のやなせたかしさんのことを新聞に書いていました。高知市内の六年生の女の子が、やなせたかしさんのことを新聞に書いていました。「やなせさんは、自らの戦争体験から、本当の正義は困っている人を助けることと考え、アンパンマンが生まれたそうです。今ではアンパンマンは大人気で、アンパンマンの歌は東日本大震災で傷ついた人たちに勇気を与えています。／私はこんなやなせさんと同じ高知県に生まれたことを誇りに思います。やなせさんのように、しんどいことや、つらいことから逃げ出さず強くてみんなを勇気づけられる人になりたいです。困っている人を助け、人のことを考えながら生きていきたいです。」と述べ、最後は、「たくさんの勇気と希望をありがとうございました。」と結んでいます。アンパンマンの歌に、「なんのために　生まれて／なにをして　生きるのか／こたえられないなんて／そんなのは　いやだ！」ということばがあります。卒業し、少年期・青年期を迎える皆さんは、これから誰もが、「なんのために　生まれて／なにをして生きるのか」ということを自分に問うことがあると思います。いつも順調であるとは限りません。しかし、どのような場合にも、その問を受け止め、自らを見つめ、「逃げ出さず」、可能性を信じ、しっかりと生き抜いてほしいと思います。

皆さんは卒業します。しかし、附属小学校は、いつでも帰ることのできる場所です。苦しい時、悲しい時、そしてうれしい時、楽しい時、いつでも私たちのもとに立ち寄ってください。心から歓迎します。

以上、皆さんの門出を祝し、幸せを祈って、贈ることばと致します。

（二〇一四年三月一九日）

（三）成長とチャレンジ（二〇一四年度）

1　身体全体で歴史と文化を感じる（修学旅行）

(1) 出発式の挨拶

皆さん、お早うございます。

生憎の雨になりましたが、旅行中、取り分け奈良・大阪では良い天気になることを期待し、信じたいと思います。

さて、皆さんが訪れる奈良・京都は歴史と文化の街です。既に知っていることもあると思いますが、自分の目で見、耳で聴き、体全体で歴史と文化を感じ取ってほしいと思います。また、人と防災未来センターでは、どうすれば地震や津波から自分を守り、家族を守り、友達とともに生きることができるのかしっかり学んでほしいと思います。卒業する時に一番心に残るものの一つが修学旅行です。みんなで楽しい思い出になるようにして欲しいと思います。

さて、保護者の皆様、お見送り有難うございます。事故に気を付けて行ってまいります。私は修学旅行に同行するたびに、児童がわずかの間に成長することに驚かされます。戻りました時には、成長した姿をご覧になれると思います。どうぞ、楽しみにお待ちください。それでは、行ってまいります。

（二〇一四年四月一三日）

(2) 私に命をくれたのは近隣の人（修学旅行　解散式挨拶）

修学旅行の三泊四日は、高知を出発する時こそ雨でしたが、後はすばらしい好天に恵まれました。

皆さんは、復元された平城京の羅城門、鴟尾が青空のもとに金色に輝く東大寺、千数百年にわたり人々の信仰を集めた巨大な盧舎那仏、青空と若葉に映えた金閣寺、伝統工芸の友禅染、私達の身体全体で歴史を学び、伝統文化のすばらしさを感じ取ったことだと思います。一日過ごしたＵＳＪでは、友達と、たくさんの楽しい思い出ができたことだと思います。

人と防災未来センターでは、巨大地震のすさまじい破壊力を目の当たりにしました。その一方で、たくさんの悲惨を乗り越えて復興に力を尽くした人間の力に感動したことだと思います。地震の後七時間たって救出された、語り部の荻野君子さんの、私に命をくれたのは、近隣の人たちでしたということばは、深く心に残りました。

この修学旅行を通して深く学んだことを、ご家族の皆さんにも話してほしいと思います。そして、自分をさらに成長させるために、また、自分の命を守り、家族を守るためにも活かしてほしいと思います。

四日間の充実した修学旅行が終わりました。充実していただけに、ずいぶん疲れているのではないかと思います。今日は、ゆっくり休み、全曜日に元気に登校してください。

さて、ご家族、保護者の皆様、出発の折にはお見送りいただき、そして本日は、お出迎えいただきありがとうございます。児童はかなり疲れていますので、どうぞ、今日はゆっくり休ませていただきたいと思います。そして、また、修学旅行で学んだことについて話を聞き、一緒に考えて下さればありがたい限りです。

どうぞよろしくお願いいたします。

（二〇一四年四月一六日）

2　感動し励ましをえる大運動会

(1) 力を試す運動会に（運動会の総合練習での挨拶）

皆さん、お早うございます。

一〇月五日の運動会が目の前に近づいてきました。今日は、運動会の総合練習の日です。今日、皆さんは、自分はいつ出るのか、出場するのか、どんなお友達と出るのか、出るためにどこに集まるのか、出て何をするのか、終わったらどうするのか。しっかり確かめてほしいと思います。

今日は、赤組、白組の応援団が、朝早くから練習していました。運動会に向けて次第に盛り上がってきたと思います。

今日は、自分がすることを確かめながら、自分の力を試してほしいと思います。

（二〇一四年一〇月一日）

(2) 感動し励ましを与える大運動会（大運動会挨拶）

皆さん、お早うございます。

台風が来ているということで、心配ですが、運動会を予定通り開催することにしました。

早朝から、おいでくださいました、保護者の方々にお礼を申し上げます。また、いつもながら運動会の開催のためにご協力いただき有難うございます。

さて、児童の皆さんは、運動会を楽しみにしていたと思います。今日は、運動会を楽しみながら、自分の力を試し、自分の力を伸ばせるようチャレンジして欲しいと思います。

先日、赤組・白組の応援団から応援歌が届きました。白組の応援歌には、「ぼくらの武器は団結だ。仲間を信じて　突き進め」ということばが書いてありました。白組の応援歌は、「協力　協力　仲間と協力　絆が大事」と作ってありました。どちらも仲間を信じて、団結して戦うことを宣言しています。赤組、白組それぞれに全力を尽くしてほしいと思います。

皆さんが一生懸命にチャレンジする姿は、私たちを感動させ、励ましてくれます。

さあ、いよいよ運動会が始まります。保護者の皆さんや見ている友達が、感動し、励まされる、すばらしい運動会にしてもらいたいと思います。


（二〇一四年一〇月五日）

3　本当にしたいことを見つけ、努力とチャレンジを―卒業式―

(1) 本当にしたいことを見つけ、努力とチャレンジを―

明るい光が流れ、桜がほころびるころになりました。六年生の皆さんは、今日の良き日に、高知大学教育学部附属小学校の六年間の全ての課程を終えて、卒業いたします。皆さんの前途を心から祝いたいと思います。

保護者の皆様は、今、巣立とうとするお子様をご覧になり、附属小学校の六年間の成長ぶりを、心に思い浮かべていらっしゃることと思います。お子様の誇らかな卒業をお慶び申し上げます。卒業を祝って、ご参列くださいました来賓の方々に、心から感謝申し上げます。

卒業を迎えた六年生の皆さんの心には、様々なことが浮かんでいることと思います。六年生の一年間を振り返っても、たくさんのことがあったと思います。修学旅行に始まり、宿泊学習、水泳大会、大運動会、大音楽会と大きな行事がありました。皆さんは、その都度、小学校での最後の行事であることを意識して、また最高学年にふさわしく力を尽くして取り組んでくれました。思い出は、深い充実感とともに、心に刻まれていることだと思います。

私にとって強く心に残っているのは、大音楽会です。合唱曲の「約束」「友だちだから」は、しっかりとことばの意味をとらえた、伸びやかな声と美しいハーモニーで聴く人の心をとらえました。さらにベートーヴェンの交響曲第九番第四楽章の合奏は、圧巻でした。重厚で変化に富む曲調に、ドイツ語の「歓喜の歌」が入り、曲は大きく盛り上がりをみせました。本当に六年生には高度な曲だと思いましたが、六年生の皆さんは見事な合奏・合唱を聞かせてくれました。会場は深い感動に包まれ、大きな拍手が起こりました。このような素晴らしい思い出とともに、皆さんは卒業していきます。

卒業する皆さんは、中学校で新たなスタートを切ります。そこでは、多くの皆さんが、思春期を迎え、心の揺れや葛藤に直面することになるかと思います。また、急激な社会の変化の中で、自分を見失いそうになることもあるかもしれません。苦しみ悩むこともあるかと思います。その時には、ぜひ大音楽会の合唱と合奏とを思い起こして欲しいと思います。きっと皆さんを支え、励ます力になると思います。人を信じ、自らを信じる力になると思います。

昨年、青色発光ダイオードの開発と製品化によって、ノーベル物理学賞を受賞した名城大学の赤崎勇教授、名古屋大学の天野浩教授、アメリカのカリフォルニア大学の中村修二教授の三人が次のようなメッセージを残しています。赤崎勇教授は、流行ではなく、本当にしたいことを見つけて努力してほしいと述べ、天野浩、中村修二教授は、好きなことを見つけてチャレンジして欲しいと述べています。流行に流されず、本当に自分がしたいことを見つけ、努力しチャレンジすること、それが、自分らしく生きることにもつながると思います。この三人のことばを、卒業していく皆さんへの贈ることばにしたいと思います。

さあ、いよいよ卒業です。美しい光の中を胸を張って歩いて行って下さい。皆さんの前途に幸せの多いことを祈って、私の祝辞と致します。

（二〇一五年三月二〇日）

(2) 自分を豊かに成長させるもの（低学年と六年生のお別れ会）

今日は、卒業式にふさわしい、すばらしい天気になりました。

今、六年生は、一・二年生の心の籠った拍手に迎えられて、入場してきました。

六年生は、こうして一・二年生と共に過ごすのも、今日が最後になります。

六年生は、低学年の皆さんと過ごすなかで多くのことを得たのだと思います。優しく接すること、いたわりをもって接すること、時には誉めたり、励ましたり、勇気づけたりすることの大切さを学んだと思います。それが、実は、自分を豊かに成長させることであったとも気付いたのではないでしょうか。社会はさまざまな人びとからできています。中には弱い立場の子どもやお年寄り、病気で健康を害した人もいます。そのような人々に共感を持って支えることのできる人になってほしいと思います。自分のためにだけ生きるのではなく、人のためにも生きる人になってほしいと思います。


一・二年生の皆さんは、お兄さんやお姉さんとの別れに、寂しく悲しい思いをしている人もいると思いますが、皆さんは、お兄さん、お姉さんがこれまでしてくれたことをしっかりお手本にして、これからは上級生として下の学年に優しく、思いやりをもってお世話をしてあげられるようになって欲しいと思います。それがお兄さんお姉さんがうれしく思ってくれることだと思います。

これから、短い時間ですが、六年生と一・二年生で楽しい時間を過ごし、思い出を作ってほしく思います。
私からの話は、これで終わりです。

（二〇一五年三月二〇日）

(3) 心打たれた一人ひとりのまなざし（卒業を祝う会）

保護者の皆様、お子様のご卒業おめでとうございます。好天に恵まれ、すばらしい卒業式を上げることができたことは、私どもにとっても大きな喜びとなっています。その卒業式の余韻が残ったままで、ここに立っているといった状態です。

本日の祝辞の中でも申しましたが、卒業証書を授与するとき、一人ひとり例外なくしっかりしたまなざしをしていたことに心打たれました。その目は、一人一人のこれから伸びゆく可能性を表していると感じられました。本日、卒業した児童は、それぞれに可能性を自ら見出し、自己実現に向けてこれからしっかり歩いていくだろうと思われました。

アメリカでは、小・中・高の卒業のことをcommencementと言うそうです。卒業という意味とともに、開始するという意味があり、さらには責任という意味も含んでいるそうです。卒業は、責任をもって自ら何かを始めるという意味があるようです。

本日の卒業も、児童期を終え、思春期に入り、自らの力で歩き始めるけじめとも言えるかと思います。それは、保護者にとっては、ある意味子離れの時期ともなるかと思います。しかし、時が来れば、保護者の願いや思い、苦労を理解してくれる一人前の人間として家族の絆を深めることができると思います。

児童は思春期に入り、大きく揺れることがあると思います。どうぞ、保護者におかれましては、子どもを信じ、一喜一憂することなく、伸びゆくのを見守り、待って、大きく成長させていただければと思います。機会があれば、元気な姿を見せに附属小学校にたちよってくれればうれしく思います。

本日は、おめでとうございました。

（二〇一五年三月二〇日）

（四）集積と深化（二〇一五年度）

1　地震に備える──避難訓練

高知では、三〇年以内に震度七レベルの大地震が起こると言われます。そのために私たちは、校舎を補強（地震で壊れないように強く）したり、避難訓練をしたり、附属小学校の中に水や乾パンを置いたりして備えています。

このような準備をすることも必要ですが、実際に地震が起こった時、どのような状態になるのか知っていることは大事です。

阪神淡路大震災や東日本大震災のような地震が起こると、まず、何が起きたか分からないそうです。地震と思わないで、何か、宇宙船か爆弾かが家に落ちてきた、あるいは、トラックが家に突っ込んできたと思うそうです。

体験したことのない大地震が起きると、その場に驚きや恐怖で立ちつくしたり、座り込んだりして、実際には何もできない。どうしていいかも分からないそうです。だから、訓練が必要なのですね。

地震が起きた時は、まず、落ち着いて、安全なところに隠れて、揺れが終わるのを待つことが必要です。慌てず、動かず、しっかりと待つことが一番大切です。これも訓練することでできるようになるのです。

揺れが収まったのちに、安全を確認して、避難するようにしましょう。

地震の後は、今の便利な生活をすることができなくなります。だから、私たちは、地震のあと、どのように生活していくかも、阪神淡路大震災や東日本大震災から学んでいかねばならないと思います。今日は、避難訓練があります。実際に地震が起きた時、自分の命を守れるようにしっかりと訓練してほしいと思います。

（二〇一五年五月一一日）

2　笑顔の水泳大会

(1) 自分の記録にチャレンジ

皆さん、こんにちは。

今日は、曇り空でしたが、先ほど雲間から青空が見えていました。皆さんの水泳大会を私は、楽しみにしていました。保護者の皆さんも楽しみにして大勢いらっしゃいました。

今日は、楽しく、そして練習の成果を出し切って、自分の記録にチャレンジする水泳大会にしてもらいたいと思います。

もう一つ、私も応援しますから、皆さんも友達が泳いでいるときには、しっかり応援してもらいたいと思います。

さあ、いよいよ水泳大会の始まりです。元気いっぱい泳ぐ姿を見せてください。

（二〇一五年九月七日）

(2) 笑顔があふれた水泳大会（中学年　水泳大会講評）

今日の水泳大会は、楽しく、素晴らしい大会になりました。

みんなで協力して泳ぐ、電車競争や押せ押せリレーは息が合っているところを見せてもらいました。特に、四年生は、さすがに一つ上だけあって、泳ぎに勢いがありました。

「二五メートルに挑戦」は、三年生が初めて練習したクロールで泳いでくれました。四年生は平泳ぎを初めて練習したそうですね。初めて練習して二五メートルに挑戦したのに、素晴らしい泳ぎをしている人がいて、感心しました。また、まだ上手に泳げない人も、誰ひとり途中であきらめる人がいなくて、一生懸命泳いでいる姿に感動しました。

一番盛り上がったのは、対抗リレーですね。代表だけあって、素晴らしい泳ぎをみせてくれました。そしてこの時の応援も素晴らしかったと思います。

今日は、皆さんがきびきびと動き、よくマナーを守ったので、いつもより早く終わりました。それで、プログラムにはない、「うずまき」や「自由水泳」をしました。その時の皆さんは笑顔があふれていました。

本当に楽しい、すばらしい水泳大会であったと思います。

（二〇一五年九月七日）

3　複式教育に学ぶ

(1) Greetings

Good morning, everybody.

I am Harumi Watanabe.　I am a principal of this school.

We'll welcome you to our school attached to the Faculty of Education, Kochi University. We are very happy to have you with us today. It's a great honor for us.

We have 6 grades system, and have 680 pupils in our school. Each grade has 3 classes. So, totally we have 18 classes. One class has basically 35 pupils except multigrade class. There are 3 multigrade classes, lower, middle higher-classes, each class composed of 2 grades, 16 pupils in it.

As you might know we have large mountainous area in our prefecture. So, 74 elementary schools, in other words 38% of 196 elemently schools has multigrade classes.

We have many problems on multigrade education. That's why we have multigrade classes in this school. We are promoting multigrade education and research.

Now, let me briefly tell you about history of our school and its missions on this occasion.

First, our school originally started as an elementary school attached to the training college for teachers in 1878.

We celebrated centennial anniversary in 1977. We are celebrating the 138th anniversary of its foundation.

In this way, the history of our school mostly overlaps with the history of modern Japan starting in 1868.

Secondly, we have been doing our best for ideal education over a long period of history and tradition of our school. Such history and tradition were built not only by the teachers, but also by pupils' parents and people living in this area.

We will inherit it, make it better, and give better education to our pupills, in the future.

We have three missions. Those are,

First, promoting outstanding education and research as a model school in this area.

Second, teaching the Faculty of Education students to a prospective teacher.

Third, promoting corporation with other schools and bord of education to solve educational problems.

We have many great eager teachers in our school. We are going to complete these missions together.

I will take you to the multigrade classes later, maybe before 10:50. Please get into the classroom and see the pupils studying hard. Please find theory, way,strategy on multigrade education.

At noon, please have a lunch, kyusyoku in Japanese, with pupils. By the way kyusyoku in Japanese compose of two Chinese character. Kyu means give, syoku means food. So kyusyoku means give food. Please enjoy eating, and talking with oue pupils.

Finally, I hope all of you will get something rewarding through today's visit.

That's all. Tank you.

(二〇一五年九月九日)

(2) Greetings

Thank you for giving us some valuable present.　I really appreciate you.

I said in the morning, I hope all of you get something rewording and useful through today's visit.

And I also said please enjoy eating and talking studying playing with pupils.

I believed you enjoyed so much.

Do you know American researcher John Dewey? He is a philosopher, and educationist. He said learning by doing.
Your study of today is just learning by doing.
I believe you learned many things today.
I hope what you learned would be utilized in your country.
That's all. Thank you.

（二〇一五年九月九日）

4　爽やかな朝 ― 大運動会

(1) 爽やかな朝（運動会総合練習の挨拶）

秋らしい、爽やかな朝を迎えました。スポーツ日和のすばらしい天気になりました。

運動会が一一日、今週の日曜日に迫ってきました。皆さんの中に、マスト登りや竹馬の練習をしている人が目につくようになりました。赤組・白組の応援団も朝から練習していました。

運動会の当日は、たくさんのお父さん、お母さん、保護者の方、それに地域の方も、皆さんの運動会を見に来られ、応援をしていただけると思います。

附属小学校の運動会は、楽しいね、すばらしいね、感動したといっていただけるような運動会にしてほしいと思います。

そのためにも、今日は、青空のもと、みんなで協力して、しっかり運動会の練習に取り組みましょう。そして、運動会で、練習の成果を一人ひとりが出せるようにしてほしいと思います。


（二〇一五年一〇月七日）

(2) 心と体をきたえる場（運動会の挨拶）

児童の皆さん、お早うございます。秋も深まって、空気が澄んでひんやりとして、身体も心も引き締まるような朝を迎えました。

今日の大運動会には、たくさんのお父さん、お母さん、保護者、地域の皆様、そして来賓の方々が来てくださいました。心からお礼を申し上げます。

児童の皆さんは、この大運動会を、これまでの練習を生かして、楽しく、素晴らしい運動会にしてほしいと思います。

運動会は、皆さんが、心と身体を鍛える場です。諦めることなく、精いっぱい、身体を動かし、力を出し切ってほしいと思います。皆さんが、真剣に競技をする姿、走っている姿、マスト登りをしている姿、踊ったり、組み体操をしたりしている姿に、私は感動します。一生懸命に取り組む姿は、見る人を感動させます。そして、がんばれ、と声をかけたくなります。

また、競技をするお友達をしっかり応援してほしいと思います。友達が力を出せるようにしっかり応援し、友達ががんばった時には、大きな拍手を送りましょう。

さあ、いよいよ大運動会の始まりです。私もわくわく、どきどきしています。みんなで力を合わせて素晴らしい大運動会にしましょう。

（二〇一五年一〇月一一日）

(3) 生き生きとした顔（運動会の打ち上げでの挨拶）

先生方、今日の運動会ではご苦労様でした。教育実習が終わって今日までの、集中した運動会の指導にも併せてお礼を言いたいと思います。

六日に特別支援学校で運動会の組体操の練習中に高等部三年女子生徒が怪我をしたということがあり、心配していました。しかし、さいわい、昨年とは異なり、本日は天候にも恵まれ、無事に素晴らしい運動会になったことを先生方とともに喜びたいと思います。子どもの表情も生き生きとして、いい顔をしていました。大成功の裡に終わった運動会だったと思います。

応援合戦で学部長に審査と講評をお願いしましたが、これは附小の一〇〇年を超える運動会の歴史に無かったことではないかと思います。少し、大きく言えば、今日の運動会は歴史を拓いた運動会だったとも言えるかと思います。

引き続き音楽会もあり、まだまだ忙しい日が続きますが、今日は、先のことは忘れて、大いに楽しんで過ごしていただきたいと思います。

先生方、本当にご苦労様でした。


（二〇一五年一〇月一一日）

5　環境緑化モデル事業

皆さん、今日は。

今日は、児童の皆さんに「高知大学教育学部附属小学校　環境緑化モデル事業」の完成式典のために集まっていただきました。「環境緑化モデル事業」というのは、附属小学校を花や木などの植物の緑で一杯の美しい学校にして、高知県の学校のお手本にするための計画です。その計画が完成したということで、そのお祝いのために皆さんにも集まってもらったのです。

皆さんも知っていると思いますが、体育館の南側・廊下側にりっぱなヘチマ棚が作られました。他にも正門を入ったところのロータリーに浜日榊を植えてきれいに整えました。また、体育館の南の植物園の大きく茂った木も剪定してきれいに枝を切って整えることができました。

特にヘチマ棚は、しっかりと丈夫に作られていますので、これから毎年ヘチマを育て、四年生は植物の成長の学習をすることができます。また、暑い夏には、木陰もでき、見た目にも実際にも涼しくしてくれることだと思います。

今日は、お客様として、高知県森と緑の会からお二人、コンビニエンスストアのローソンから四名の皆さんがお祝いに来て下さいました。皆さんのお陰で、「環境緑化モデル事業」を行うことができました。附属小学校を緑一杯の美しい学校にするために力を貸して下さいました。心からお礼を述べたいと思います。ありがとうございました。

また、この後、皆さんと一緒に、完成記念に「やまもも」の木を植えます。「やまもも」は高知県の県の花になっています。何年か経つとたくさん花がさき実を付けてくれることと思います。児童の皆さんの大好きな木になることと思います。

このような「環境緑化モデル事業」というすばらしいプレゼントをいただいたことに感謝して、私の挨拶とします。本当にありがとうございました。

（平成二七年度「環境緑化モデル事業」完成式典挨拶　二〇一六年二月一七日）

6　集積と深化 ― 卒業式

(1) 贈る言葉 ― 集積と深化 ―

春らしい明るい光が満ち、白い木蓮の花が輝くように咲きました。いよいよ桜の季節を迎えようとしています。この美しい春の良き日に、皆さんは高知大学教育学部附属小学校の六年間のすべての課程を終え、卒業していきます。皆さんの卒業を心から祝したいと思います。

保護者の皆様、本日は、お子様のご卒業、おめでとうございます。本日卒業を迎えたお子様の姿に、入学時の幼い姿、学年を経るに従って成長してきた姿を重ね、深い感慨を覚えていらっしゃることかと思います。ご卒業を心からお喜び申し上げます。

本校児童の卒業を祝って、ご臨席下さった来賓の皆様にも深くお礼を申し上げます。

さて、卒業生の皆さんの心の内にも、様々な思い出がよみがえっていることと思います。この一年の行事は、修学旅行に始まりました。一日目は京都、金色の金閣寺が春の光に鮮やかでした。二日目から三日目にかけては大降りの冷たい雨になりました。二日目の清水寺、太秦映画村、奈良では二月堂、東大寺、三日目は、ＵＳＪに海遊館、そして、長い歴史のある修学旅行で、皆さんは初めてのナイターも観戦しました。そして、四日目の「北淡震災記念公園」での防災学習と続きました。雨の中、厳しいスケジュールでしたが、誰一人病気になることなく、多くの思い出とともに修学旅行を終えたのは立派でした。その後二学期には、大運動会、大音楽会などの行事が続きましたが、皆さんは、自ら楽しみつつ最上級生としての責任を果たしてくれました。そのような皆さんの卒業を誇らしく思います。

皆さんは、これから中学校に進学し、それぞれの道を歩き始めると思います。新しい環境の中で、自己と対話しつつ、時には自己と厳しく対立しつつ自己確立、自己実現を求め、他者と共に生きていくことは易しいことではありません。さらに、これから皆さんが生きていくのは、グローバル化・情報化・技術革新などの急速な社会変化の時代です。皆さんが大人になるころ就職する職業の六五パーセントは、現代にはない新しい職業だと言われています。人工知能が人間を超え、ロボットが活躍する社会が来ることも予想されています。そのような時代・社会だからこそ、皆さんが自分らしく他者と共に豊かに生きることが大切になってくるのだと思います。自己確立と自己実現のためには、必要な知識と能力を身につけるとともに、チャレンジし努力することが必要だと思います。

卒業していく皆さんに、私から「集積と深化」ということばを贈ります。集積はチャレンジと努力によって得たものを集め積み上げていくことです。深化は、集積することによって、深く豊かな知識や理解を得ることができるということです。新しい環境の中で、自己確立と自己実現を行うためには、集積と深化が必要です。それは、自分らしい歴史を刻むことです。私もまた、生ある限り集積と深化に努めたいと思います。

さあ、本日、皆さんは、卒業します。明るい光の中を胸を張って歩いていって下さい。皆さん一人一人の幸せを祈って、私のことばを結びたいと思います。

（二〇一六年三月二二日）

(2)感謝の気持ちをこめて(六年生とのお別れ会のあいさつ)

皆さん、お早うございます。

六年生のお兄さん、お姉さんとのお別れの日がやってきました。六年生が卒業することを寂しく、悲しく思う人もいることと思います。しかし、今日は、六年生が新しく中学生になるための出発の日で、みんなでお祝いをする日です。六年生にありがとうと感謝の気持ちをこめて、また、元気で中学校でがんばってくださいと送り出してあげましょう。

六年生は、一・二年生に対して、小さな弟や妹のようにお世話をしてくれたと思います。そうして、世話をすることを通して小さな者、弱い者に対して接することが、自分の心を優しくし、心を広く豊かに成長させることができることに気付いたと思います。

一・二年生は、六年生からたくさんのことを教えてもらいました。これから、入学してくる新一年生や下級生に六年生がしてくれたように優しくいろいろなことを教えてあげて下さい。

六年生のこれからの活躍を祈って私の挨拶とします。

(二〇一六年三月二一日)

(3)花開く可能性に期待(卒業祝賀会でのご挨拶)

保護者の皆様、お子様のご卒業おめでとうございました。本日は、天候に恵まれ、素晴らしい卒業式を挙げることができたと思います。

また、担任を始めとする先生方もご苦労様でした。

私は、本日、卒業証書を一人一人渡しながら、印象深く思ったことがありました。卒業生一人一人と壇上で礼を交わしますが、一人として目を合わさないままに礼を交わした者はいませんでした。そして、発達段階に差がありますが、それぞれがしっかりした目をしていました。その目を見ながら、一人一人の可能性を考えていました。卒業生一人一人は、おそらく自分に合ったもの、自分が本当にやりたいものを見つけたら、素晴らしい力を発揮するに違いないと思われました。可能性は、そのとき最大限に花開くだろうと思いました。


保護者の皆様にあっては、本日は卒業のお喜びも大きいと思います。しかし、また、明日からは、新たな生活が始まります。どうか、お子様の可能性が開くように、自ら自覚をもって自立するまで、今後ともご指導・ご支援をお願いしたいと思います。

また、お子様の母校である附属小学校にも変わらぬご支援、あるいはご声援をいただければありがたく存じます。

なお、私は、この三月末をもって校長職を任期満了によって辞任いたします。合わせて定年によって大学も退官いたします。校長として何ほどのこともできませんでしたが、皆様のこれまでのご支援、ご協力に深く感謝申し上げて、ご挨拶といたします。

本日は、本当におめでとうございました。


（二〇一六年三月二二日）

三　教職員の皆さんとともに

（一）伝統の継承から発展へ

1 「瑤樹」――美しい樹木（二〇一二年度）

(1) 歓迎の色紙の花

皆さま、お早うございます。校長を拝命致しました渡辺春美と申します。私は愛媛県の生まれで、祖母が高知県の西土佐村の出でしたので、高知とも多少は縁があります。

私は、二四年間、高等学校に勤めて参りました。その間、私の心にあったのは、大学で教えていただいたことですが、実践即研究、研究即実践ということばです。実践から理論を汲み上げ、理論は実践によって検証されて本物になります。私は、現場での授業実践にたえず関心を持ってきました。授業の活性化を求めてきました。その意味で、附属小学校に関わることができるのは、有難いことだと思います。これから、先生方と一緒に仕事を進めて参りますが、教えていただき、学びながら、ご一緒に仕事ができたらと思います。よろしくお願い致します。

今朝、小学校に参り、靴箱のところにいきますと、私の靴箱のところに歓迎の花が色紙で作って飾られ、歓迎のことばが添えられていました。また、職員室の私の机に座りますと目の前に、花が飾られていました。先生方の、細やかなお心遣いを思い、ほのぼのとした気持ちになりました。このことにも感謝申し上げ、私の挨拶と致します。

（二〇一二年四月三日）

(2) 安心安全に万全を

二つのことをお話ししたいと思います。

一つは、昨日の金環日食観測会のことです。七時過ぎには、大勢の児童がグランドに集まっていました。しかし、残念ながら、空全体が厚い雲に覆われていました。児童もあきらめて遊び始めていましたが、その時、奇跡的に太陽の見えるところの雲が切れました。急いで日食グラスを通してみると下辺が大きく欠けた太陽が見えました。金環ではありませんでしたが、高知では一六三年ぶりということでした。奇跡的に見られたことを児童ともどもよろこびました。

もう一つは、防災学習、地震避難訓練です。防災学習では、実験映像の中で人形が家具調度類の下敷きになり、押しつぶされていく段階ごとに児童から悲鳴が起こり、最後は絶叫になりました。子どもたちは、地震によって傷つく他者（実験では人形）を心身で受け止めていると思いました。児童、約七〇〇人が訓練の地震が収まった後、安全確認をして、運動場に避難しました。所要時間、三分三〇秒。全員防災ずきんを着用して、話もせず、整然と走り、避難を終えました。感心しました。しかし、地震後の安全確認を中庭でしましたが、その時、もし、けが人が出ていたらどうなったでしょう。誰が、けが人を介抱し避難させるのでしょうか。もし、大けがした子どもがいたら、どのようにして救うのでしょうか。安心、安全にかかわることですので、さらに万全を期せるように訓練を考えていきたいと思います。

（二〇一二年五月二二日）

(3)「瑤樹」

皆さん今日は。

二つのお話をしたいと思います。

一つは、朝の挨拶についてです。私は、朝、正門に立って登校する児童に挨拶をしています。できるだけ朗らかに一人ひとり声をかけます。多数が一度に来てもできるだけ、一人ひとりに声をかけたいと思って、そのようにしています。教育の根本は一人ひとりにまなざしを向けることから始まると思います。また、挨拶は心を通わせる最初の一歩として、一人ひとりに声をかけていきたいと思っています。

二つ目は、校長室の額にある書のことです。先日、一人の児童が校長室に入ってきて、額に書いてある文字を尋ねました。私は答えることができませんでした。もともと知りたいと思っていたことでしたので、よい機会と思い、大学の書道の北川修久先生に尋ねました。なかなか判然としないようでしたが、結論は、「瑤樹」（ようじゅ・美しい樹木）ということでした。よいことばだと思いました。美しい樹木が、伸びていく子供たちに重なりました。このことばを大切にしたいと思いました。

（二〇一二年六月二二日）

(4) 教職の使命と責任の理解 ― 教育実習

皆さん、今日は。

教育実習のご指導に、毎日、忙しくお過ごしだと思います。ただでさえ多忙な中、先生方は、学習指導案の作成指導、授業観察、授業後の指導に学級運営、さらには、実習日誌の点検などたくさんの仕事を持っていらっしゃいます。多数の先生が夜遅くまで勤められ、中には、土・日にも学生を呼んで指導されている方もいらっしゃるとお聞きしました。それらのたくさんの仕事を通して、先生方が実習生を細やかに指導されているのを拝見しますと、胸打たれる思いが致します。

教育実習の手引きには、実習は、教職生活、社会人生活の基礎を作るための大切な機会とされ、実習生には、将来に生きる実践を積み重ねていけるよう、最善の努力を尽くすことが求められています。また、子どもたちの現実から学ぶ態度の重要性が指摘され、児童理解・教材研究・指導案などについて、実践をとおして研究をいっそう深めることも要求されています。授業のみならず、学校生活全般の指導ができるようにすることも期待されています。

教育実習も残り一週間となりましたが、先生方のご指導を通して、実習生が実践的な力量を高め、教職の使命と責任を理解するとともに、そのすばらしさを実感できるようであればと思います。来週には、演習授業も始まります。どうぞ、ご指導をよろしくお願い致します。

（二〇一二年九月二一日）

(5) 実践から理論を練り上げる

先生方、今日は。

先日、二月二日の学習交流会のための研究紀要の「はじめに」を書かせていただきました。その時に、紀要のはじめの部分を高橋真研究部長から読ませていただきました。

そこには、実践を検討し、そこから理論、方法、工夫を練り上げていく様子が見て取れました。そこに感激しました。学習交流会では、授業が公開されます。提案授業が行われます。そこで、児童がどのように変容するか見たいと思いますし、先生方が書かれた紀要から、児童の変容ぶりがどのようにとらえられているか、関心を持って読みたいと思います。

（二〇一三年一月一八日）

2　児童の背伸び（二〇一三年度）

(1) 抱負

お早うございます。

昨年度一年間は、先生方に教えていただきながら、勤めさせていただきました。先生方のお蔭だと有難く存じます。

この一年、新たに先生方と一緒に、よりよい附属小学校にするために力を尽くしてまいりたいと思います。

この一年間は、

1. 教育環境・条件の改善
2. 豊かで効果的な教育の創造
3. 公募による人事の開始
4. 大学・附属校園・他機関との連携の推進
5. 教員養成（教育実習）の改善・充実

ということについて、優先順位を考慮しつつ、進めていきたいと存じます。そのためには、具体的に推進するための附属の中核的組織を作る必要があるかとも思います。

そして、全体として、先生方、児童、保護者、地域にとって魅力ある附属にしたいと思います。私自身、教育の現場にあって、さらに学びつつ、お役に立てるようにしたいと存じます。どうぞ、よろしくお願いいたします。

（二〇一三年四月二日）

(2) 児童の背伸び ― 李美淑先生を招いて

昨日、韓国明知大学から李美淑先生がいらっしゃいました。学内視察後に、三年生でアンケートを行い、児童向けに話をしていただきました。

三年生担当の先生方のご協力をいただきましたことに、私からも感謝申します。

李美淑先生と打ち合わせをしたとき、児童にハングルで名前を書いてもらおうという話があり、私は無理ではないかと思いました。しかし、児童は意外にもほとんどがハングルで名前を書くことができました。驚きでした。児童は背伸びしながら意欲的、積極的に学んでいくものだと改めて思いました。中学生は、背伸びしながら学ぶことが好きだと言われたのは、大村はま先生でした。それと同じことが児童にもいえるのだと思い、考えさせられました。

（二〇一三年四月二三日）

(3) 児童への対応に感銘

二つのことをお話します。

一つは、昨日のことです。二年生の女子児童が通学経路から離れて、時間を過ごしていたということで、お二人の補導センターの方に連れてきていただくということがありました。対応したのは山岡大二副校長でした。山岡先生は、女子児童の頬を両手で包むようにして真っ直ぐ見つめ、さらに肩を抱き寄せるようにして、よかったね、よく来たね、と声をかけました。私は、その対応に驚きました。私ならば、どうしたのかと児童を問い詰めるところでした。担任は、また、間をおいて違った指導をするのかもしれませんが、その時の対応としては、私にはベストに思われ、感じ入った次第です。

もう一つは、今年度、高知新聞社との間に結んだ協定についてです。教育学部との間に協定を結びましたので、傘下の私たち附属は、記事を自由に複写して配布することもできるようになりました。また、教室に記者をお呼びして、取材の仕方、記事の作り方、記事の構成の仕方、意見文の書き方など指導していただいたり、質問に答えていただいたりすることもできます。各教科、単元の都合もあるでしょうが、ぜひ、言語活動を活性化し、力をつけるためにも、新聞を用いた、あるいは記者の指導を活かした取り組みをお願いしたいと思います。以上です。

（二〇一三年六月二一日）

(4) 起こりえることとしての不審者対策を

先生方、二学期が終わり、少々ほっとしていらっしゃるかと思います。先生方が、児童一人ひとりを大切にし、一人ひとりを伸ばすために日々生活指導、学習指導等で努力していらっしゃる姿をそばで見ていますと、ありがたいこととして感謝の気持ちが自然と湧いてまいります。この二学期、有難うございました。心からお礼を申し上げます。

さて、本日、不審者対応訓練、避難訓練に関して説明があることになっています。

今から一二年前の平成一三年六月に、大教大附属池田小で事件が起こりました。犯人によって、一・二年児童・教員合わせて二三名（死者は八名）が殺傷されるということが起こりました。

この時、教員の対応はどうだったか。報告によれば、二年南組の担任教員は、体育館の横で、犯人とすれ違い、不信感を持ったが、確認には至りませんでした。犯人が教室に侵入した二年西組の担任は、犯人が児童を突き刺すのを見ながら、一一〇番通報のために事務室に走り、警察の電話での確認に手間取る八分の間、結果的に児童を置き去りにしてしまいました。犯人は、その後一年南組に侵入し、児童に切りつけました。それまでに、教員三人が一年南組の横を通ったにもかかわらず、避難させることができませんでした。椅子をもって立ち向かった教員も刺されて重傷を負っています。

学校全体としては、犯人への対応、児童に対する組織的な避難誘導、救命活動、搬送処置が行えず、被害を最小限にくい止めることができなかった、と報告書では述べられています。

不審者対応訓練、避難訓練につきましては、起こり得ることとして訓練に臨んでいただければと思います。

（二〇一三年一二月二〇日）

3　生き生きとした児童の顔を大切に（二〇一四年度）

(1) 附属小学校のミッション

先生方、お早うございます。いよいよ新年度が始まりました。私は先生方に支えられて一期二年を終えることができました。今年度から二期目に入ることになります。二週間前には、附小を去られる先生方をお送りしましたが、新たに寺村雅子副校長先生を始めとする先生方をお迎えしました。私も交えて、体制を整え、教育研究に鋭意取り組んで行くことができればと思います。

附属小学校は、教育研究のモデル校として地域の教育を振興するというミッション、また、実践力の高い教員を養成するというミッションがあります。

しかし、私は、基本は、目の前にいる子どもたちをしっかり見つめ、伸びやかに、豊かに、高い学力を持つように育てることが大切だと思います。教員養成もこのような基本を抜きにしてはあり得ないと思います。

皆さんと一緒に、子どもたちを大事に育てる教育研究を行いたいと思います。

どうぞ、よろしくお願い致します。

（二〇一四年四月二日）

(2) 大学・地域との連携を求めて

先生方、お早うございます。

夏休みも終わろうとしていますが、先生方はそれぞれに忙しい日々を過ごしてこられたと思います。間もなく二学期がはじまります。二学期は、教育実習を初め、運動会、音楽会、複式教育研究協議会などの行事があります。どうぞ、体調に気を付けて、取り組んでいただきたいと思います。

大学、附属を含めて、その教育・研究は、中期目標に基づいて進められています。その附属のところを見ますと、大学との連携、地域との連携を前提とした上で、次のようなことがあります。附属幼・小・中の連携、英語教育、特別支援教育の推進です。忙しい先生方ですが、このような目標の達成にも取り組んでいただきたいと思います。

私は、昨日、吉野小学校に行ってきました。早明浦ダムの間近なところにある小学校です。防災教育に力を入れていて、二二名の小学生が、自分たちで歩いて、写真を撮り、防災マップを作りました。素晴らしいもので、お願いしていただきました。後ろの黒板にでも貼っておきますので、ご覧いただければと存じます。

（二〇一四年八月二八日）

(3) 実践研究のできる教員の養成

皆さん、教育実習のご指導、お疲れ様でした。実習生のご指導は大変だと思いますが、どのような教師に育ってもらいたいのか、ヴィジョンをもつことも大切ではないでしょうか。

私は、実践研究のできる教員に育ってほしいと思っています。そのために、前の大学では、教育実習で行った授業についてA四判　二枚のレポートにして提出させていました。提出レポートは、計画、実践、生徒の反応、考察といった柱で書くことにしていました。提出されたものを見て、よい実践だと思われるものは、もう一度、四〇〇字詰めで三〇枚くらいに書き直してもらい、研究紀要に載せたり、全国版の雑誌に送って掲載してもらったりしました。後には、それらを本にまとめることができました。

教師には、教育力が必要です。それは実践研究にしたがって養われるものだと思います。そのために実践研究のできる教員の養成をと考えてきました。先生方それぞれに、教員養成へのヴィジョンをもってご指導いただければと思います。（二〇一四年九月一九日）

(4)「アクティヴ・ラーニング」

先生方、今日は。

先週土曜日には、附属中学校で研究大会が開かれました。支え合い学び合う生徒の育成をテーマとし、日常的に授業でグループ学習を取り入れた学習指導を行っていました。私の参加した国語の授業も、新聞を教材としてグループで学習を進めていました。

昨日、文部科学省下村博文大臣が、学習指導要領の全面改定を中央教育審議会に諮問しました。子どもが自ら課題を見つけ解決を図る「アクティヴ・ラーニング」と呼ばれる学習の充実、英語教育において小学校三年生からの外国語活動、五年生からの教科化などに関する諮問が求められました。このようなことも視野に入れて教育研究に取り組んでいただければと思います。

（二〇一四年一一月二一日）

(5) 生き生きとした児童の顔を大切に

早いもので、本日で二学期も終わりになります。先生方、お疲れでした。

本日、三年生を中心に図書の時間を含めて参観させていただきました。図書の時間は、絵本の読み聞かせとお話でした。西本博子先生の見事な語りによって、子どもたちが耳を傾けて物語の世界に入っている様子がうかがえました。また、三Aと三・四Eの複式では、お楽しみ会が開かれ、一芸を披露したり、工夫のある寸劇を演じ、楽しんだりしていました。児童の顔が本当に生き生きとしていました。改めて、このような児童の姿を大事にしながら、教育を進めて行かねばならないと思った次第です。

冬休みを挟みますが、また、新学期に先生方、よろしくお願いいたします。

（二〇一四年一二月一九日）

4　伝統を受けつぎ協力して発展を（二〇一五年度）

(1) 伝統を受けつぎ協力して発展を

桜が満開になり、美しい季節を迎えました。いよいよ新年度の始まりです。新しい体制の基に附属の教育・研究を充実発展させていっていただきたいと思います。

去る三月末には、親しんだ先生方との別れを惜しみましたが、昨日から、新しい先生方が仲間に加わって下さることになりました。心から歓迎したいと思います。

さて、附属小学校は、互いに教え合い、学び合いながら教育研究を進めることのできる素晴らしい職場だと思います。また、子どもと授業を大事にする学校だと思います。理論も授業によって検証され、新たに創りだしていこうとする学校です。さらに、附属の良き伝統を大切にするとともに、新しいものを創り発展させようとする学校です。

もちろん様々な課題もありますが、附属の良いところを受け継ぎ、協力してさらに発展させていく一年であってほしいと思います。皆さん、どうぞ、よろしくお願い致します。

（二〇一五年四月二日）

(2) 楽しい居場所としての学級づくり

いよいよ、明日から児童が登校し、本格的に学校が始まることになります。慌ただしい中ではありますが、学級開きが大事だろうと思います。先ずは、安心していられる、そして楽しくいられるような学級づくり、また、児童ひとりひとりのの居場所があるような学級づくりができればと思います。二年生から六年生は、一学年上級になりますので、それぞれに自覚をもてるようにできればと思っています。

先生方、どうぞよろしくお願い致します。

（二〇一五年四月六日）

(3) 「どうすれば」の前に「どうしてか」

信州大学の藤森裕治先生から、『授業づくりの知恵60』を贈呈していただきました。六〇の知恵のいずれも、ハウ・ツーものとは違って興味深いものです。その一つに、『どうすれば』の前に、『どうしてか』と考える」というのがあります。次々と授業をしていかねばならない忙しい中で、私たちはついつい、この教材を教えるのに「どうすれば」よいかと考えます。藤森先生は、この思考に慣れると、学びの本質が見えなくなってしまうと述べています。例えば、自らに問うことが必要だというのです。

「どうしてか」を問うことは、「どういう人間を育てるのか」という問いに応えることだと、藤森先生は締めくくっています。忙しい毎日ですが、私もこの問いは大切にしたいと思った次第です。

（二〇一五年四月二三日）

(4)「一日のよーい、どん」みたいな挨拶

本日は、気温が三〇度を超え、暑い一日になりました。

今日の高知新聞（二〇一五年五月一九日）の「声ひろば」に大川中学校の女子生徒が、書いていました。前校長が「雨の日も風の日も」されていた、「学校生活の一日の『よーい、どん！』みたいなあいさつ」が聞けなくなり、寂しいという投書をしていました。校長の挨拶をこのように受け止めている生徒がいることに驚きもし、また感心もしました。

私は、挨拶は、「心の握手」と思っていますので、児童からも挨拶の声を返してほしいと思っています。その意味では、このところ挨拶を返してくれる児童が増えてきたと思い、嬉しく思っています。朝のあいさつ運動は、その存続を今検討していると思います。その効果を立ち止まって考えてみるのはよいことだと思います。しかし、止めるのであれば、それに代わって、教員と児童、児童相互の挨拶ばかりでなく、地域の方、来客の方にも挨拶ができるように、いろいろな機会にご指導をお願いしたいと思います。

（二〇一五年五月一九日）

(5) 附属を巡る厳しい状況

国立大学附属学校を巡る状況は、急速に厳しさを増していると思われます。すでにその兆しはあったと今にして思われますが、何とか凌げるものと安易に考えていたところがあります。

先日、お茶の水女子大学で、日本教育大学協会の総会が開催されました。その中で、柳沢好治高等教育局大学振興課教員養成企画室長の話がありました。

附属学校は、地域社会の矛盾・課題が反映されるクラス構成にし、その中で課題解決に先進的に取り組むことを通して、地域社会に貢献し、教員の教育実践力をどこでも応用可能なように高めることが求められているとしました。地域のモデル校としての使命はいわば当然であって、モデルが地域に活かされているかが問われると述べています。

地域・教育関係機関とも、附属ならではの連携を強め、教育連携案を打ち出し、実行することが求められるとし、その根底に連携先との信頼関係を築くように求めています。

そのほか、安全対策、保護者との連携に対してもきめ細かな対応を求めています。

また、もっと附属学校の成果をうまく、説得力をもたせてPRすることの必要性にも言及しています。

今、大学では、来年度からの第三期中期目標を策定しようとしています。大学は、附属の評価が大学の評価につながると、危機感を強めています。

主目標は、大学学部との連携、実践力を備えた教員養成、実験的、先進的な取り組み、県教育との連携、モデル校としての役割の遂行といったことです。具体的には、大学との先進的な教育の協働的実施、附属と大学教員による協働型授業の実施による大学教員の実践的指導力の強化、高知県教委との連携によって附属を拠点化することなどが考えられています。

附属を巡る厳しい状況に対し、受け身になるのではなく、私たちの使命と子どもたちの豊かな教育を求めて切り拓いていきたいと考えます。

（二〇一五年六月一九日）

(6) 目立たぬ心遣い

台風一一号に備えて、昨日の内に、終業式を終え、本日（七月一七日）は、臨時休校にせざるを得ないと思っていました。しかし、昨夕までは、風雨ともに穏やかで、さすがに夜は激しい風雨に見舞われましたが、今朝は暴風警報も解除されておりました。何やら肩すかしを食った感じが致します。

さて、今朝、六時二〇分に学校に本日の授業実施の確認に来ました。すでに、寺村雅子副校長、藤田究教頭、田中元康教務主任が来ていました。三人は、休む間もなく校内の見回り、児童の玄関口の受け入れ準備、廊下の掃除などに取りかかっていました。私が附小を引き上げる時、プール横で附属中学校の副校長が校庭を見回っているところを見かけました。そういった姿を見ていると、改めて、学校がこのような目立たぬ心遣いによって円滑に動いていることを実感した次第です。おそらくは、私の目につかぬところで、いろいろな先生方が心を遣い率先して動いて下さっているのだと思います。そのような力にも支えられて、無事に一学期を終えることができたことに感謝し、私の挨拶と致します。

（二〇一五年七月一七日）

(7) 顔を鏡で見て教室へ

一〇月一一日（日曜日）の大運動会は、天候にも恵まれ、充実した中に終えることができました。すばらしい大運動会だったと思います。先生方のお陰だと、心からお礼を申し上げます。

さて、私の新任の時代のことですので、ずいぶん前のことになります。新設の高等学校に勤めたことがありました。問題を抱える生徒も多く、その問題行動に振り回されることもたびたびでした。気分が重いばかりでなく、胃が痛くなるといったこともありました。その時の学年主任が先生方に言ったことです。教室に行くとき鏡で自分の顔を見て行くようにしようというのです。先生の気分が表情に現れている。暗い顔、しかめっ面では、教えられる生徒がかわいそうだ。教室に行くときの顔を鏡で見て、教室に入る時には、明るい顔、笑顔で入れるようにしよう、というのです。このことばは、私の中では、今も心がけることばとして残っています。さいわい附小では、楽しい雰囲気の授業が多く、教室を見て回るのも楽しみです。が、心にとどめておきたいことばとして紹介しました。

（二〇一五年一〇月一四日）

(8) 授業参観 ― 三人の先生に学ぶ

本日、一部参観させていただいた三先生の授業への私の感想を紹介したいと思います。まず、田村さちよ先生の算数の授業を参観しました。割り算の学習指導で、割られる数と割る数に、同じ数を掛ける場合と同じ数で割る場合を比較し、同数になることを理解させる授業でした。児童に考え発見させるようにしているのが印象に残りました。

次に久武桂津代先生の社会の授業です。養殖のりを一枚にした原料を味付け海苔にする工程を写真で示して、これから工場に行って、調べ、理解させる学習の導入の授業でした。児童には実際に原料としての一枚の海苔と味付け海苔の二枚を実際に教室で食べさせていました。私も食べて感想を述べました。原料は味がないが噛んでいると甘みが出てくる、味付け海苔は味がついておいしいが、原料の甘みはなくなっていると感想をいいました。試食と写真によって意欲を高めているところに工夫があると思いました。周到な準備をした導入に感じ入りました。

最後は、近藤修史先生の国語の「注文の多い料理店」の授業です。先生は指名して児童の一人に最初の場面を音読させました。上手な感情移入した読みでした。先生は、その上で、登場人物の人物像がイメージできたかを児童に問い、みんなで人物像をとらえようと方向づけました。もう一度全員で人物像をとらえる音読を全員に課し、児童は私に向かってそれぞれのペースで音読してくれました。そして、そのような読みに価値があることを伝えました。児童の音読から読みの方向を明確にし、イメージする音読の価値を児童に伝えようとしたところに感心した次第です。

短い時間の参観でしたが、先生方の授業から学ばせていただいたことを紹介しました。

（二〇一二年一〇月一四日）

(二) 先生方とともに ― 懇親の場

1 職場を動かすのは人（二〇一二年度）

(1) 職場を動かすのは人

昨日は、新任の先生方の研究授業があり、また、すでに終わりましたが、一年生の担任は、保護者との懇談が一週間余り続いていました。さらに、本日は市教研の会合があり、幹事として多数の先生が参加して来られました。皆様、本当にお疲れでした。

さて、本日は、私にも声をかけていただき、ありがとうございました。先生方とは、ぜひ、親しくお近づきになりたいと思ってきました。しかし、日頃の先生方は、多忙の中にあって、職員室にいらっしゃってもなかなか声をかけてお話しするというようにもいきません。今日は、そのよい機会だと思います。

思いますに、職場を動かすのは、規則や制度ではありません。それがなくてよいというのではありませんが、それを実のあるものにするのは、人だろうと思います。人が力を合わせ、職場を活力あるものにするためにも、私たちは、互いによく知り、気持ちを通い合わせることが大切だと思います。

私にとって、今日は、先生方との距離を大きく縮め、先生方を知る機会です。私も声をかけますが、どうぞ先生方も、私に声をおかけ下さい。どうぞ、よろしくお願い致します。

（職場会主催の懇親会　二〇一二年五月一一日）

(2) 自らを成長させる提案授業

先生方、三日にわたる夏期学習交流会、お疲れでした。私は、東京（日本国語教育学会主宰　第七五回国語教育全国大会）に出張していましたので、本日、三日目から参加いたしました。

まずは、全体として先生方が、受付、会場の設営、分科会の進行、炎天下での駐車場での案内など、それぞれの担当に一心に取り組んでいらっしゃったことに感じ入りました。分科会での提案授業、その後の研究協議も一部を見せていただきましたが、なかなか厳しい意見もでていました。担当の先生は、そこから学ばれたことも多かったと思います。しかし、一方で、提案を正面から受け止めてもらえず、歯がゆい思い、残念な思いを持たれた方もいらっしゃったのではないかと思います。

しかし、私どもはつねづね言われてきたことですが、授業、あるいは実践発表による提案をなさった先生方は、自らをもっとも成長させることができるのだと思います。そのことを思って、今後につないでいっていただければと思います。

先生方、この三日間、お疲れでした。これからの時間は大いに楽しんでいただければと思います。これで、ご挨拶に代えさせていただきます。

（第一一回夏季学習交流会懇親会挨拶　二〇一二年八月九日）

(3) 明日への活力

皆様こんばんは。本日は、桜がほころびるという上天気の中、無事、第六三回学習指導研究発表会を終えることができました。先生方お疲れでした。また、助言、講演をお願いしました講師の先生方有難うございました。さらに、本席にもご参加下さいましたことに深く感謝申し上げます。

本日の研究会は、お陰様で、有意義な研究会になったと存じます。私にとりましても、目を開かれる有意義な研究会となりました。

私が実感したことは、一つには、本校の研究テーマが有効であったということです。二つには、サブテーマにある、追究のエネルギーを誘発させるということについてです。誘発は、単なる契機であってはならない。それは目標につながるベクトルでなくてはならないということです。三つ目は、増大させる働きかけもベクトルの増大と考えていかねばならないと思いました。講師の勝見健史先生がおっしゃっていたことですが、公開、提案する一時間としての授業として構想するのではなく、単元として構想し、そこに位置づけられる一時間として公開授業、提案授業とするべきだということです。

このような考えを持つことができたことを有難く思った次第です。

さて、懇親会の始まりです。よく学びよく遊べということわざがあります。この意味は、学びの中にも遊びがあり、遊びの中にも学びがあるということでしょう。これからは楽しく過ごしていただきつつ、おおいに情報交換などもしていただければと存じます。

本日は、研究部の引き継ぎも行われると聞いています。また新しい体制のもとに出発することになります。この懇親会が、明日への活力となればとも思います。

それでは、皆さん、大いに盛り上げて参りましょう。よろしくお願いします。

（第六三回学習指導研究発表会懇親会挨拶　二〇一三年二月二日）

2　高い士気に感銘（二〇一三年度）

(1) 教員集団の高い士気に感銘

皆さん、今晩は。第一二回学習交流会が終わりました。研究授業をされた先生方、ワークショップを担当された先生方、スタッフとして支援に回られた先生方、本当にお疲れでした。今回は、初めて、県下の高等学校、義務教育学校の教員、講師の研修を兼ねて行われ、例年とは異なるシステムで行われました。大きな混乱もなく、無事終了したことを喜びたいと思います。

今回、改めて印象深かったのは、先生方のかかわり方でした。炎天下のグラウンドでの駐車場の整理にも、嫌な顔一つすることなく関わっていらっしゃいました。手が足りないという声がかかれば、手の空いた先生が、すぐさま駆けつける。プログラムが終われば、だれの指示でもなく率先して後片付けに入る。このような姿に附属小学校の教員集団の高い士気（モラール）を感じ、感銘を深くいたしました。

さて、少し前のことになりますが、八月一日には、高知市学童水泳記録会で、附属小学校は、二〇〇メートルリレーで、男女ともに優勝に輝きました。これも体育部の先生方のご指導のお蔭だと思います。八月四日には、吹奏楽コンクールで吹奏楽部が金賞となりました。八月七日に行われた、ＮＨＫ全国学校音楽コンクールの合唱の部で附属小学校は金賞をいただき、四国大会に出場することになりました。音楽部の先生方のお骨折りの成果だと存じます。

本日のお疲れ会では、おおいに楽しんで疲れをいやし、明日への英気を養っていただきたいと存じます。

（第一二回夏季学習交流会懇親会挨拶　二〇一三年八月九日）

(2) 教師の教えたいことを児童の学びたいことに

皆様、第四二回複式教育研究協議会の開催、お疲れでした。とりわけ、複式部の先生方、お疲れのことと思います。本日は、参加者一一五名、遠くは埼玉、岡山、鹿児島、広島から参会されたと聞きました。盛会であったと思います。

本会の研究テーマは、「かかわり合いを楽しみながら、共に高まる子供をめざして」でしたが、どのように教師の教えたいことを児童の学びたいことにして、相互に児童をかかわらせて学びを深めるか疑問とするところもありました。しかし、今日、算数・社会・国語の授業を見せていただいて、疑問が解決したように思います。なるほどこのようにすれば、児童個々が興味・関心を持って課題に向き合い、かかわり合いながら追究し、共に理解を深めていけるのか、理解できたように思います。私にとって、意義ある一日でした。埼玉から来られた先生方とお帰りになる時にご挨拶を交わしました。その時、先生方から、すばらしい研究会でした、感激しましたとおことばをいただきました。うれしいおことばでした。

先生方には、どうぞ、この慰労会の時間をお楽しみいただき、疲れをとっていただきたいと思います。それでは、先生方のご苦労を労い、合わせて本協議会の発展を祈念して乾杯をしたいと思います。高らかにご唱和ください。乾杯。


（第四二回複式教育研究協議会の慰労会挨拶　二〇一三年一一月三〇日）

(3) 提案性のある研究授業

本日は、お疲れでした。めずらしいくらいの好天に恵まれ、三〇〇名を超す参加者があり、第六四回学習指導研究会を盛会のうちに終えることができました。

講師、司会等の先生方には、お疲れのところ、この懇親会にも足を運んでいただき、ありがとうございました。

今年度の研究会は、昨年度に比べ、一歩前進したと、うれしく思っているところです。先生方の授業は、仮に失敗に終わったということであっても、提案性のある授業であったと思います。

私は、主に、国語教育の会場にいましたが、観ている私にとっても、学ぶところの多い、充実した時間であったと思います。また、課題も私の中でクリアになってきたと思います。

例えば、表出された子どもの声は、問題意識（課題意識・主題意識）に高められたか、また、指導過程は、もっと構造的、段階的、ダイナミックに考えることはできないか、追究の過程で子どもは、確かな力をつけることができたのか、それはどのように評価できるのであろうか、といった課題です。これは、私自身に突き付けられた課題だと受け止めた次第です。

これらの課題は、今後考え、あるいは皆さんとともに実践に生かして、来年の研究発表会をさらに発展性のあるものにできればと思います。

これからの時間は、くつろぎ、楽しい時間にしたいと思います。大いに盛り上がることを期待して、ご挨拶と致します。


（第六四回学習指導研究発表会懇親会挨拶　二〇一四年二月一日）

3　新しい風 ― 歓迎の思い（二〇一四年度）

(1) 新しい風 ― 歓迎の思い

新年度、新しく着任された先生方、事務職の方をお迎えしました。心から歓迎いたします。着任された教職員の皆様には、体調に気を付けて、少しずつ附属小学校らしさになじんでいっていただければと思います。そして、新しい風を吹き込み、附属小学校をさらに発展させていっていただきたいと思います。

私もまだ二年を過ごしたばかりですが、この二年間、不快な思いをしたことがありません。いろいろな行事、研究会、発表会等があり、多忙を極めていると思われますが、先生方は、熱意と高い士気を持って洗練された動きで仕事にあたり、観ている私に爽やかな印象を与え続けていただいた二年間でした。これもまた附属小学校のすぐれた伝統であろうと思います。

着任された教職員の皆さんには、このような、よき伝統になじみ、親しみ、さらに良き伝統を共に創り上げていっていただければと思う次第です。

期待も込めて、歓迎のご挨拶と致します。

(歓迎会での挨拶　二〇一四年四月三日)

(2) 労いと英気

皆さん今晩は。

高知駅から、小雨の中を歩いて来ましたが、秋の気配が感じられました。少し前に、カナカナが鳴くのを聞きました。季節は確実に移ろいゆくようです。

さて、本日の集まりは、八月八日の学習交流会の労いの会と、新しい仲間になって下さった先生方の歓迎を兼ねて開かれているとのことです。そのお一人の先生は、この集いに真っ先に来られました。会費を払われたのを見て、申し訳ない、と言いましたら、これから附小に勤め、稼がせていただきますからとの返答でした。この当意即妙の返答に感心したことでした。この会で、三人の先生方との気持ちが通い合い、また、労い合うことで、新学期に向けて英気を養う会になればと思います。それでは、乾杯に移りましょう。ご唱和ください。乾杯。

（お疲れ会・歓迎会の挨拶と乾杯の音頭　二〇一四年八月二八日）

4　実践研究の進展（二〇一五年度）

(1) 案ずるよりも産むが易し

新しくいらした先生、そして育休から戻ってこられた先生、心から歓迎したいと思います。

新しい環境の中で、期待とともに不安な思いをお持ちだと思います。とりわけ本日の職員会では大量の資料が配布され、端折りながら説明がなされましたので、あるいは不安が高まっていらっしゃるかとも思います。

振り返ってみると、私もこれまで新任での赴任も含め五回新しい職場に赴任しました。辞職して赴任したのがそのうち三回あります。ほとんど想定外の地域への赴任でしたので、不安な気持ちも強かったと思います。しかし、赴任してみれば、そこには、いろいろなことを教えていただける人、相談に応じていただける人がいて、知人をえることにもなり、何とか新しい職場に溶け込むことができました。赴任したところが、今では第二・第三の故郷ともなっています。こうしてみると、思い当たるのは言い古された「案ずるより産むが易し」ということばです。

皆さんも、今、不安に思っていらっしゃるかもしれませんが、「案ずるよりも産むが易し」ということで、焦らず慣れていっていただければ有難いと思います。

確かに多忙かもしれませんが、多忙感を充実感にしていっていただければ有難く思います。それではこれからよろしくお願いいたします。これからの歓迎会を大いに楽しんでいただきたいと思います。

（歓迎会挨拶　二〇一五年四月二日）

(2) 実践研究の確実な進展にむけて

今回の第六六回学習指導研究発表会では、研究主題「考え、表現する子どもを育てる授業づくり」の三年目になります。この研究には、二つの柱があると考えます。一つは、思考力・表現力育成の方法の研究で、二つ目は、その支援方法の研究です。私は思考力育成に関して、①思考力の分析→②思考力を働かせるために子どもにかけることばづくりとその試行→③教科の特性を活かした思考力育成のためのことばの枠組み作りとその試行と、研究は着実に発展していると思います。その研究の方向と発展に自信を持って、発表会に臨んでいただきたいと思います。今日は気発会ということですが、おいしい料理を食べ、楽しくお酒をのみ、歓談し合って英気を充実させていただきたいと思います。

（気発会挨拶　二〇一六年一月二九日）

(3) 楽しく充実した四年間 ― 感謝の思いを込めて

私は、本日、紹介いただいたように、二〇〇七（平成一九）年から、高知大学に参り、九年間、勤務いたしました。そのうち、最後の四年間を附属小学校に勤めさせていただいたことになります。

附属小学校での四年間のうち一年目は、分からないことが多く、先生方の気心も分からぬまま、山岡大二副校長、鍵本治彦教頭を始めとする先生方に一つ一つ指示していただきながら仕事をこなしていくのがやっとでした。

二年目からは、山岡大二副校長、藤田究教頭のもと、少しずつ様子が分かってきたように思います。三年目になると、寺村雅子副校長が着任し、また附小に新しい風を吹きこんでいただいたような感じがしました。先生方の特徴や気持ちも分かってきて、先生方と軽い話をしたりすることも楽しくなってきました。とともに、学校には、子どもに関わるいろいろな問題もあって私もその対処に当たることも増えていったと思います。気の滅入るようなことがなかったわけではありませんが、この附小の熱心で、すぐれた、そして爽やかな教師集団の中にいたいと感覚的に思うことが強くなっていったように思います。私にとっては、附小は、充実した、楽しい場所になっていったと思います。

附属小学校の子どもたちの活気があり溌剌とした姿は、私をいつも元気づけてくれました。授業時の子どもの姿を見ることは、私の楽しみでした。今日も、たくさんの子どもがお別れのメッセージをくれました。泣きそうな位に感激しました。

先生方には、退任に当たって祝賀会まで開いていただきました。忘れ得ぬ思い出です。

私は、今、困った事態に立ち至っているのが分かりました。私は、附小を離れる寂しさに耐えていけるかどうかといった事態です。しかし、これは耐えていくのが世の定めです。四年間、私を支えて下さった皆さんに深く感謝します。

これからは、大阪に戻り、週に一日、京都女子大学と京都大学とで教えることになりました。新しい生活の中で、教育・研究を進めていこうと思っています。

また、附小によらせていただくこともあろうと思います。どうぞ、よろしくお願いします。

（送別会挨拶　二〇一六年三月二三日）

5　お祝い―文部科学大臣優秀教員表彰

(1) 文部科学大臣優秀教職員表彰　藤田究教頭先生の紹介

去る一月一九日、私どもの高知大学教育学部附属小学校の藤田究教頭先生が、文部科学大臣優秀教職員表彰を受けました。この優秀教員表彰は、教科指導、生活指導など、いくつかの分野がありますが、藤田究教頭先生の場合、学校教育において、他の教職員の模範となるような実践を行い、特に顕著な成果を上げたものとして表彰されたものです。

藤田究教頭先生は、一九六〇年に南国市に生まれました。大学卒業後、一九八三年に高知市立五台山小学校に教諭として赴任し、五年勤めた後、一九八八年に附属小学校に、文部教官教育職（高知大学教育学部附属小学校教諭）として着任しました。以来、二七年間、附属一筋に勤めてこられました。

藤田究教頭先生は、これまで、研究発表会等で、算数の実践発表を重ね、算数科の教育・研究において県内外から高い評価を受けてきました。県内外の多数の学校からの要請で、授業・講演・助言を行い、また、地域との連携に努め、後進の指導にも鋭意取り組んでこられました。現在は、附属小学校の細部に通じた教頭として本校の管理、運営に当たるとともに、算数科の実践研究に引き続き取り組んでいただいているところです。

学会、研究会でも活躍され、日本数学教育学会研究部幹事、全国算数授業研究会全国理事、また高知市教育研究会算数部会副会長、土佐教育研究会算数数学部会理事という役職にもついていらっしゃいます。

著書も多数おありです。

『一九九九年度　第一・二学年　算数科複式日々案集』
『一九九九年度　第三・四学年　算数科複式日々案集』
『一九九九年度　第五・六学年　算数科複式日々案集』

が、全学年をとおした算数の授業のための指導案としてまとめられています。

また、他に、
『数の構造がみるみるわかる楽しい「おはじき」操作』（二〇〇四年三月　学事出版）
『第4学年算数科授業展開日々案集』（二〇一二年五月　私家版）
も刊行されています。
なお、現在、東書ネット「小学校算数　授業に役立つ資料」を二年間連載中ということです。
附属小学校の激務の中にあって、授業をたえず構想・実施し、それを記録することをとおして豊かな指導に生かしてこられた姿に深い感銘を覚えます。これからも、附属小学校の教育の発展のために、また、算数科の発展のためにご活躍いただきたいと思います。この度の受賞、本当におめでとうございました。
（二〇一五年二月二〇日）

(2) 文部科学大臣優秀教職員表彰　田中元康先生の紹介
私から田中元康先生の紹介をさせていただきます。

田中元康先生は、一九六四年、東京にお生まれになりました。埼玉を経て三歳から高知で暮らしたということです。

土佐中・高から高知大学教育学部に入学し、一九八六年三月に卒業し、四月からは吾川村立名野川小学校に赴任されています。六年後の一九九二年四月からは、県教育委員会から、派遣されて鳴門教育大学大学院に二年間学んでいます。一九九四年三月に修了し、名野川小学校に帰任し、高知市立旭小学校を経て一九九六年四月に附属小学校に着任されました。

附属小学校では、勤続二〇年になり、この間、研究部長や教務部長、実習部長、複式主任などを勤め、若手教員の育成にも尽力し、附小を担う教員、なくてはならない教員として活躍されています。

県内でも信頼は厚く、田中元康先生の授業に学びたいとする学校・教員は多く、東洋町、室戸市、馬路村、北川村など東部から、高知市、佐川、須崎など中部はいうに及ばず、四万十市、宿毛市の多数の小学校からも招聘されています。多数の小学校では、田中元康先生を信頼し、学ぶことを求め、繰り返し招いています。県内ばかりではなく、埼玉県・静岡県、兵庫県、和歌山県、広島県、沖縄県などからも声がかかっており、その国語教育・研究に関する力量は全国で認められているところです。

研究会・学会における役職も多く、高知市教育研究会国語部の研究部長、土佐教育研究会国語部事務局長、同僻地複式部会理事、全国国語教育研究会理事、基幹学力研究会の世話人、授業のユニバーサルデザイン研究会理事などを歴任し、県内、県外の研究会・学会で活躍しています。

忙しい中、著書・論文の執筆も精力的に行い、実践と研究の成果を積極的に発表してい

ます。田中元康先生の単著には、
『低学年　言葉のきまり&漢字の授業づくり』（二〇〇八年六月　明治図書）
があり、共著としては、
全国国語授業研究会筑波大学附属小学校国語研究部編『論理的思考力を育む授業』
（二〇一三年八月　東洋館出版）他七冊
が刊行されています。
論考には、次のものがあります。
日本国語教育学会『月刊国語教育研究』誌に三編
東洋館出版の『国語の授業』（四六号　二〇一四年　東洋館出版）掲載の「全員参加の国語の授業」など五編、基幹学力研究会『基幹学力の授業』では、一五回連載するなど、計二四編、『教育科学国語教育』（明治図書）誌には、「話す活動におけるワークシート」など八編が発表されています。
田中元康先生には、多忙の中ですが、今後、さらなるご活躍をいただき、附属小学校にあって全国に向けて発信し続けてていただきたいと思います。この度の文部大臣優秀教員表彰を心からお祝い申します。
（二〇一六年一月二三日）

四　保護者の皆さんとともに

1　教育文化活動の進展を求めて（二〇一二年度）

(1) 教育文化活動の活発な展開―PTA活動

皆様、今日は。今、紹介いただきましたが、本年度から校長を拝命致しました渡辺春美と申します。本日はお忙しいところ、PTA拡大委員会にお集まり下さり、有難うございます。本日は、ほんとうによい天気になりました。今朝は、子どもたちに挨拶するために、校門に立ちました。子どもたちは、これから伸びてゆく可能性の塊のようで、元気のいい挨拶をしてくれました。子どもたちの顔を見、元気な声を聞いていますと、こちらも元気をもらったような気が致しました。

さて、PTA活動につきましては、昨年度の報告を見せていただきました。学年、教養、広報、体育の各部が活発に活動していることに感銘を深くしました。いわば、自己啓発のための活動も含め、教育文化活動といってよい活動が活発に展開されていて、その活動が附属小学校を活性化しているのだと思った次第です。

新しい年度がいよいよ始まります。新運営委員もこれから決まり、引き継いでいただいた後に、新しい体制のもとに出発することになります。今年度も、何かとお力添えをいただくことが多いと存じます。どうぞ、よろしくお願い致します。

（第一回PTA拡大運営委員会での挨拶　二〇一二年四月一八日）

(2) 出会いの場―ＰＴＡ歓送迎会

改めまして、皆様、今晩は。

今ご紹介がありましたが、四月から附属小学校の校長を拝命しました、渡辺春美と申します。どうぞ、よろしくお願い致します。

私も新任の一人として申し上げるのですが、本日は、ＰＴＡの主催で、お忙しいところ、このようにも盛大な歓送迎会を開いて下さり、ありがとうございました。心からお礼を申し上げます。

本日、午前中には、ＰＴＡ総会が開催され、予算案が承認され、役員も改選が行われました。これで新体制が整い、進むべき方向も明確になり、スタートを切ることができました。皆さんとともに、附属小学校の教育の振興のために活動を活発にしていくことができればと思うところです。

さて、私は、新任として、この歓送迎会を、皆様との出会いの場、と捉えたいと思います。心の構えを解いて、皆様とお近づきになり、心を通い合わせる場にしたいと思います。そうして、心を通わせることで、大きく新年度に向けて進みたいと思います。皆様には、さまざまな形でお力添えをいただくことになると存じます。今後ともどうぞよろしくお願いいたします。

（ＰＴＡ主催歓送迎会　二〇一二年四月二〇日）

(3) 親交を深める場―PTA体育大会

皆様、お早うございます。本日は、休みにもかかわらず、多数、ご参加下さいまして、有難うございます。

昨日の夕方は、雨になるかと心配しましたが、どうやらもってくれそうです。体育大会日和とはいえませんが、私たちにはかえって、このくらいのほうがよいかとも思います。

さて、本日の体育大会では、一緒に汗をかいて、力を合わせてプレーすることで、交流を深めたいと思います。一年生の保護者の方で、初めて参加される方もいらっしゃると思います。ともにプレーすることで、親交を深めていただきたいと思います。そして、この体育大会が、今後のPTA活動を推進する力になればと思います。

さきほど、ソフトボールの練習を見ていますと、皆さん、とてもハイレベルで、どのような試合になるか楽しみです。しかし、どうぞ、怪我にはくれぐれもご注意下さい。皆さんは、まだ、怪我をされると同情して下さる方もいらっしゃると思います。しかし、私などが怪我をすると、冷やかに、年甲斐も無くといわれそうです。

どうぞ、怪我のないようにして、おおいに楽しんでいただきますようお願いいたします。

（PTA体育大会での挨拶　二〇一二年五月二〇日）

(4) 心通わせる懇親会 ― 拡大運営委員会懇親会での挨拶

皆さん今晩は。本日は、お忙しいところ、拡大運営委員会、また、この懇親会にも多数、ご参加くださり、ありがとうございます。

さて、私が附属小学校に参って、二ヶ月が経ちました。まだまだ、不慣れなことが多くありますが、子どもたちについて、実感していることがあります。

私は、朝、校門に立って、登校してくる子どもたちに朝の挨拶を致します。一人一人に声をかけ、子どもの様子を窺います。また、時間に余裕のある時は、授業中の教室に入り、子どもたちの様子を見て回ります。

私は、子どもたちの伸びる速さに驚かされます。伸びる勢いに目を見張る思いが致します。子どもたちを見ていると、教育は、待ったなしだと実感致します。手を抜くことは許されません。私たち教職員は、その待ったなしの教育に懸命に取り組んでいるところです。

今日は、ＰＴＡの各部、体育部、教養部、広報部、執行部、学年部から報告もあり、また、今後に取り組むことが具体的に示されました。皆様方の活発な活動が、私たちの教育を、側面から、あるいは、土台から支えていただいているということに、深く感謝申します。

これから懇親会です。私は、懇親を深める、心通わせるには、二つ方法があると思います。一つは、何かを一緒にすること、体育部の主催による運動をする、教養部による合唱、ダンスをするなどです。もう一つは、食事をすることです。楽しく食事をしながら、おおいにお話をし、心を通わせあって、これからの活動を充実させていきたいと思います。どうぞ、よろしくお願い申します。

（拡大運営委員会懇親会　二〇一二年六月四日）

(5) 教育支援と豊かな文化的活動

先日まで寒い日が続きましたが、急に暖かくなってまいり、花の季節を迎えようとしています。本日は、一年にわたる運営委員会の各部、学年部、教養部、広報部、体育部の活動、ならびに、引継ぎ事項と今後の改善点をご報告くださり、ありがとうございました。心から感謝申し上げます。

各部ともに活発な活動がなされましたことも、皆様のおかげだと存じます。学年部は、各学年ごとにそれぞれ個性ある取り組みがなされていたと存じます。教養部は、読み聞かせの会に尽力くださり、私も何度か参加させていただきました。魔法使いのようなコスチュームで楽しい読み聞かせをして下さり、低・中学年を中心に多数の児童が集まっておりました。また大音楽会では、コーラス部の皆さんが美しい歌声を聞かせてくださいました。広報部は、通信「なにわいばら」と、冊子体の『なにわいばら』を編集、刊行してくださいました。体育部は、七月の四附連球技大会で優勝し、歴史に残る快挙を達成していただきました。

皆様方の活動が、附属の教育振興とともにＰＴＡの皆様全体の文化的生活を豊かにすることに資するものであったと感謝する次第です。

四月の総会をもって、運営委員を降りられる方が多いと思います。私は、常々、ＰＴＡの皆様と教員は対等だと思ってきました。違うのは役割です。それぞれの役割に基づきながら、ぜひ、今後とも附属小学校の教育の振興にご協力くださいますようお願いいたします。

一年間、ありがとうございました。　（第二回ＰＴＡ運営委員会　二〇一三年三月四日）

2　We are what we relate to.（二〇一三年度）

(1) 教育・研究の振興へのご協力を――ＰＴＡ・教育振興会総会挨拶

皆様、お早うございます。

本日は寒の戻りということで、気温も下がっていますが、附属小学校のフェンス沿いには、なにわいばらの花が咲き誇っています。

三月には卒業生の保護者の方々とお別れをいたしました。本日は、新たに新入生の保護者の方々をお迎えしています。

保護者の皆様には、附属小学校の教育活動に、年間をとおしてご協力、ご支援いただいてまいりました。校舎、校庭、白雲荘他の環境整備から、運動会、音楽会、附属祭りなど各種の行事などの教育活動、加えて教職員の研究活動にも時間を割いてご協力いただきました。これから決算、予算案につきましてもご審議いただきますが、皆様には附属小学校の教育・研究活動の全般にわたり、経済的にもご支援をいただいてまいりました。まさに皆様に、物心両面からご支援いただだいてまいりました。教職員一同、皆様に深く感謝申し上げる次第です。

本日、このＰＴＡ総会、振興会総会を経て新しい体制が整ってまいります。役員の方々の選出も行われます。この一年間、役員の皆様にはＰＴＡ運営の要としてご尽力いただきました。心からお礼を申し上げます。

これから、体制を整えて、私たち自身の文化活動としてのＰＴＡ活動を活発にし、つながりを強めるとともに、新たな一年間、附属小学校の教育・研究の振興のためにご協力、ご支援いただければありがたく存じます。

本日の審議とともに、今後のＰＴＡ活動へのお願いを申し上げて、ご挨拶といたします。今後とも、よろしくお願いいいたします。（ＰＴＡ・教育振興会総会　二〇一三年四月一九日）

(2) 新たな先生方をお迎えして ― ＰＴＡ主催歓送迎会　挨拶

皆さん今晩は。

今紹介がありました、校長の渡辺春美です。

昨年、新任の校長として歓送迎会の場で、緊張しながら皆さんにご挨拶したことを思い起こします。

さて、この度の異動で、先生方が転出されました。それぞれに掛け替えのない、そして力量のある先生方で、惜しまれつつ附小を去って行かれました。先生方が去られたことを、残念に、また寂しく思っているところです。転出された先生方には、それぞれの場でご活躍いただくことを祈念いたしたく存じます。

一方、この四月、新たに先生方をお迎えいたしました。それぞれに力量のある、また、それぞれに個性のある先生方です。お迎えする私たちは、先生方から刺激をいただきながら、ともに教え教えられながら、附属小学校の教育を充実させていきたいと思っています。

本日は、このような盛大な歓送迎会を、皆様に設定していただきました。深く感謝申し上げて、私のあいさつに代えさせていただきたいと存じます。

有難うございました。

（ＰＴＡ主催歓送迎会　二〇一三年四月一九日）

(3) We are what we relate to. ― ＰＴＡ拡大運営委員会懇親会

ＰＴＡ拡大運営委員会総会では、学年部、広報部、教養部、体育部、学年部からそれぞれの活動に関してご報告がありました。お忙しい時間を割いて、附属小学校の教育とＰＴＡ活動の充実のためにご尽力いただきありがとうございました。

また、本日は、樟学会から刈谷武博先生にもおいでいただきました。白雲荘を寄贈いただいた旧東津野村の願い、それを受け継ぎ育んできた歩みと関係者の願いが改めて理解されました。それを、私たちは継承して行かねばならないと思った次第です。

本日は、山岡大二副校長からも話がありました。子どもが言われて嫌なことば、言ってほしい褒めことば、さらには、感動的な児童、保護者とのぬくもりのあるエピソードを聞かせていただきました。先日の英国国際教育研究所所長の図師照幸先生の国際教育のご講演に出てきた、You are what you eat. の詩についても触れていただきました。

失礼ながら、これを少し言い換え、We are what we relate to. あるいは、We are what we meet to. ともいえるかと思います。私たちは、関係を持ち、出会う人によって私たち自身となるともいえるかと思った次第です。懇親会の場は、そのように新たな出会いの場でもあります。この出会いを大事にし、懇親を深めていただきたいと思います。それでは、どうぞ、よろしくお願い致します。


（ＰＴＡ拡大運営委員会懇親会　二〇一三年六月七日）

(4) 爽やかな熱戦の中で親睦を深めたい ― 四附連球技大会における挨拶

皆さん、お早うございます。校長の渡辺春美と申します。

本日、愛媛の北部では、豪雨になっているところもあるようですが、早朝から、ＰＴＡ

連合親睦球技大会のために多数お集まりくださり、ありがとうございます。私は、この球技大会に参加するのは初めてですが、伝統的に、なかなかの熱戦が繰り広げられると聞いています。本大会も、爽やかな熱戦を期待したいと思います。親睦も熱戦の中で深まると思います。

本日の最高気温は三一度という予想ですので、ここ数日の中では低くなっていますが、猛暑に変わりはありませんし、湿度はかなり高いと思われます。どうぞ、体調に気を付けて、怪我のないようにお願いしたいと思います。

本大会の準備はできるだけのことはしてまいりましたが、なお、不行き届きのところもあると思います。どうぞ、遠慮なく、お気づきのことをスタッフにお知らせいただきたいと思います。

それでは、皆さんの健闘と、相互の親睦の深まりを願って、私の挨拶と致します。

（四府連球技大会　二〇一三年七月二八日）

3　伝統の継承と新風（二〇一四年度）

(1) 伝統の継承と新風 ― PTA歓送迎会の挨拶

皆様、改めまして、今晩は。

本日は、歓送迎会をこのように盛大に開催していただきありがとうございました。まずは、お礼を申し上げます。

さて、人事交流がある以上、転出は世の常とも言えますが、多くの先生方の転出によって附属小学校に激震が走ったと感じた人も多かったと思います。掛け替えのない仕事をしてくださっていた先生が去った後、大きな穴がいくつも開いて、その穴を埋めようもないとも感じられたことでした。

しかし、新たな力のある先生方をお迎えすることができました。新任の先生方は、新たな風を附属小学校に吹き込み、附属の伝統を受け継ぎながら、皆様にもご協力、ご支援をいただきつつ、新たな附属の教育を作り上げていく力になっていただけると思います。

本日は、懇親会も兼ねているとのことです。新任の先生ともぜひ、お話いただき、つながりの輪を広げていただきたいと思います。

そして、附属の教育のために、今後ともご協力、ご支援をよろしくお願いいたします。

本日は、本当にありがとうございました。


（ＰＴＡ歓送迎会　二〇一四年四月一八日）

4　現在と将来を見据えた教育を（二〇一五年度）

(1) 学校・家庭の教育の充実とＰＴＡ活動―ＰＴＡ・振興会総会挨拶

皆様、お早うございます。

今週前半には、雨が降り続きましたが、今日は、春らしい日差しの中、なにわいばらの花が咲いています。

新年度のお忙しい時期ですが、ＰＴＡ・ならびに振興会の総会に多数ご参加いただきました。お礼を申し上げます。例年、金曜日の開催としていましたが、保護者の皆様のご都合も考え、今年は土曜日の開催にいたしました。皆様には、いかがでしたでしょうか。

もう何年も前から指摘されてきたことですが、とりわけ最近はＰＴＡの活動の停滞・衰退が顕著になったと言われるようになりました。附属小学校もその傾向はないではありませんが、なお、皆様には本校の教育と使命を理解いただき、本校の教育研究、各種行事、研究大会等でご協力いただき、活発にＰＴＡ活動を進めていただいているところです。また、役員を中心に、学年・広報・体育・教養の各部が熱心に取り組んでいただいていることを有難く思っているところです。

附属小学校の教育は、ご家庭での教育も含めて、保護者の皆様の協力を得て高い効果を得ることができると思います。また、ＰＴＡは、文化活動であると思ってきました。創造的で活発なＰＴＡ活動を行うことが、学校を活性化するとともに、ご家庭での教育を充実したものにすると思います。今後ともに積極的な活動を期待したいと思います。

本日は、ＰＴＡ・振興会の決算・予算、また障学会からの説明もあります。どうぞ、丁寧にご審議いただければありがたく存じます。

どうぞ、よろしくお願いいたします。


（ＰＴＡ・振興会総会　二〇一五年四月一八日）

(2) 新鮮な活気に期待 ― ＰＴＡ主催歓送迎会挨拶

本日は、附属小学校の教職員のために、盛大な歓送迎会を開催いただき、ありがとうございます。

私が、附属小学校に校長として赴任してから、もう何人もの得がたい教職員が異動いたしました。県との人事交流の協定に従い、あるいはやむを得ぬ事情によって、今年も多数の教職員が異動し、惜別の思いが尽きぬままに本日を迎えているところです。

しかし、一方には、また、新しい教職員の転入、任用がありました。まだ、戸惑いと小さな混乱の渦があちこちに見られはしますが、中に確かな活気が感じられます。過去を振り返れば、それが附属小学校の教育・研究の発展のエネルギーとなってきたと思いますし、そこにこれからの期待を寄せたいと思います。

転出・異動した教職員には、これまでの尽力にこの場を借りてお礼を申します。また、新しく来ていただいた教職員には、児童の豊かな教育を通して、附属小学校の発展に尽力いただくよう期待したいと思います。そのためにも、保護者の皆様の一層のご支援、ご協力をいただきたく、重ねてお願いする次第です。

最後はお願いになりましたが、これをもって、私のご挨拶とさせていただきます。

（ＰＴＡ主催歓送迎会　二〇一五年四月一八日）

(3) 現在と将来を見据えた教育を——ＰＴＡ拡大運営委員会挨拶

本日は、お忙しいところＰＴＡ拡大運営委員会のためにお集まりくださいまして、ありがとうございます。

本日（二〇一五年六月一二日）の高知新聞によりますと、政府が、新たな成長戦略の骨子として、ロボット技術の促進を打ち出したそうです。東京オリンピックを視野に入れ、清掃・警備・道案内などのサービスのためにロボットを普及させるというものです。少し前の五月末（五月二八日）には、DeNAがオリンピック開催までにロボットタクシーを開発するという方針を打ち出しています。私は、このような政府・産業界の動きに戸惑いを覚えるほどです。

先週の土曜日（六月六日）に文部科学省の官僚の話を聞く機会があり、そこで、資料をいただきました。それによれば、今後、一〇～二〇年で約四七％の仕事が自動化する可能性があるということです。また、子どもの六五％が大卒後、今は存在していない職業に就くこともありました。二〇三〇年までには、週一五時間程度の労働時間になる可能性があるとも書かれていました。

このような変化の激しい時代にどのような教育をすればよいか、考えていく必要があると思います。基礎学力は、どのような時代にも必要かもしれませんが、思考力・判断力・表現力の他に、情報操作力、創造力、自己学習力、外国語によるコミュニケーション力などが必要になるかと思います。

附属小学校は、学校運営費の削減など厳しい状況下にありますが、現在と将来を見据えながら、期待に応えられる教育・研究をしていきたいと思います。今後ともにご支援をいただくことをお願いして、私のご挨拶と致します。

（ＰＴＡ拡大運営委員会　二〇一五年六月一二日）

5　『なにわいばら』（高知大学教育学部附属小学校ＰＴＡ機関誌）から

(1)ご挨拶 ― 常に学ぶ者として ―

本年（二〇一二年）四月に、高知大学教育学部附属小学校校長として着任致しました、渡辺春美と申します。大学では、国語教育学を専攻しています。

附属小学校は、時代の理想の教育を求めて、長い歴史と伝統を築き上げて来ました。私たちは、それを受け継ぎつつ、児童を豊かに育てることをとおして、さらに発展させていく使命を担っています。改めて責任の重さが実感されて参ります。幸いに、附属小学校の先生方は、高い教育力をもって児童の教育にあたり、児童もまた、のびやかに学び、力を伸ばしていると見えます。教育に課題が尽きることはありませんが、皆様方、ＰＴＡのご理解とご支援をいただきながら、力強く乗り越え、新たな教育を創造していきたいと思います。

児童を育てるために、教師は研究し、学び続けなくてはなりません。私も、この附属小学校の教育創造の現場にあって、児童とともに常に学ぶ者であり、成長し続けたいと願っています。どうぞよろしくお願い致します。　（『なにわいばら』一七五号　二〇一二年七月）

(2) 六年生の私へ ― いとおしみ ―

休み時間を待ちかねて、砂場に飛び出す。前方宙返りの練習をするためだ。六年生の二学期、ようやく足から着地できるようになった。勉強は身が入らなかった。さすがに、翌年の中学進学が不安だった。一抹の不安と光る汗。自我の揺れ。その頃の自分にかけることばは思い浮かばない。ただ、いとおしく思われるだけである。

（『なにわいばら』一七五号　二〇一二年七月）

(3) 大運動会の印象―心に残った児童の顔―

我が国の運動会は、明治七（一八七四）年、当時、海軍兵学校寮の教壇に立っていたイギリス人教師の申し出によって海軍兵学寮で行われた「競闘遊技」が最初だという。

その後、運動会は、徐々に知られていき、明治一八・一九（一八八五・一八八六）年ころから増えていった。運動会の内容は、遊技・身体鍛錬・競争が中心であったとされる。

附属小学校が高知師範学校に併設されたのは、明治一一（一八七八）年八月のことであった。おそらく、明治一八・一九年頃までには、運動会が行われていたのであろう。そうだとすれば、現在の附属小学校の運動会は、優に一〇〇年を超えて行われて来たことになる。

一〇月七日に開かれた大運動会は、華美に流れず、質実な中に、力強さと楽しさがあり、さわやかな印象のする運動会であった。明治以来の伝統のマスト登り（「めざせ、頂点」四年生）、戦後四〇年を超えて伝統となった「附小けいりん」（二年生）は、大運動会の華であるとともに、駆けることが中心になりがちの運動会で身体鍛錬上の意義も大きいと思った。また、児童が、進行・審判・道具・招集・放送・ブラスバンドなどの、運動会を支える係を見事にこなしていた姿も深く印象に残っている。誇らしげでもあり、頼もしげでもある姿であった。このような経験を通して、主体性が確実に成長していくのであろう。

運動会では、児童の顔をよく見ていた。青空の下、明るく楽しげな顔があふれていた。

児童は、力一杯に取り組んだ。その児童の顔が、運動会の成功を物語っている。

（『なにわいばら』一七六号　二〇一二年一〇月）

(4) 卒業生に贈る言葉 ― 念ずれば花開く

祝卒業。「念ずれば花開く」。卒業にあたり、私が長く励まされ続けてきたこのことばを贈ります。坂村真民の詩の一節です。どんな苦難に出遭っても、思いを心に秘めて、実現を願い続ければ、やがて花が開くように思いが叶っていくという意味です。さあ、出発です。夢を持ってねばり強く進んでください。

（『なにわいばら』一七七号　二〇一三年3月）

(5) ご挨拶 ― 附小の発展充実を求めて ―

保護者の皆様と教職員のお蔭をもちまして、新年度を迎えることができました。昨年度一年にわたる、ご支援、ご協力、ご指導に、深くお礼を申し上げます。

さて、本年は、附属小学校の教育のさらなる充実を願って、次の諸点を推進していきたいと思います。①効果的な教育、②教育環境の整備、③大学採用人事、④命を守る防災教育、⑤幼・小・中・大、および地域との連携、⑥教員養成の改善の六点です。

①は、附属小学校の中心的な課題であり、実践研究をとおして豊かに改善されねばなりません。②は、ICT教育推進のための機器とシステムの整備が中心です。③の人事は、

県との交流ではなく、長く附属小学校の中心になって活躍する人材の確保のために大学による教員採用を進めるものです。④は、被災の実態と予想に基づき、児童一人の犠牲者も出さない覚悟で、防災教育を徹底したいと思います。⑤の連携は、幼小・小中ギャップを無くし、教育的効果を上げるために、また、地域の教育・研究のモデル校としての機能を充実させるものです。⑥は、教員養成の質を高め、附属の使命に応えたいと考えます。

これらは、大きな予算を伴うものもありますので、優先順位に基づき、計画的に進めていきたいと思います。皆様方のお力添えをいただきながら、微力ではありますが、附小の充実発展のお役に立てれば幸いです。今年度も、どうぞよろしくお願いいたします。

（『なにわいばら』一七八号　二〇一三年七月）

(6) 韓国テレビドラマ

韓流ブームを引き起こした「冬のソナタ」は、涙の場面に閉口して、途中で観るのを断念した。その後、「チャングムの誓い」を観て、韓国の王朝ドラマにはまった。現在は、「トンイ」を毎週日曜の夜、楽しみに観ている。筋の壮大さと主人公トンイの機知が面白く、魅かれる。朝鮮第19代王「粛宗」の、「ゆえに」と展開する語り口にも日韓の違いが見えて興味深い。

（『なにわいばら』一七八号　二〇一三年七月）

(7) 大運動会の彩り ― 名物競技 ―

一〇月六日、大運動会の朝は、台風二三号による雨で、大きな水たまりが運動場のあちこちにできていた。大型のスポンジで水を吸い出し、土や砂を加えてグランドを整えていった。保護者の方々にもご支援をいただき、感謝の念を深くしたことであった。

大運動会は、開始時間を三〇分遅らせ、一部プログラムを割愛、変更して行われた。附属小学校の運動会は、質実である。派手さはないが、力強さと感動があって惹きつけられる。これは、質実を求めてスリム化してきたことにもよるのであろう。

ずいぶん前になるが、附属小学校の運動会は赤黄緑の三チームで競い合っていた。また、先生と教育実習生との対抗リレー、PTAによる「おじゃみ入れ」(『なにわいばら』三八号　一九七二年一一月)、「鈴割り」、「フォークダンス」なども行われていたという(同四三号　一九七三年一〇月)。三チーム対抗であったのが、紅白二チームになったのは一九七四年のことである(同四七号　一九七四年一〇月)。その後、長い時間をかけて、見た目に華やかな競技は次第に割愛されていった。その分、本来の体育的な競技に注目が集まることになり、素朴ながらも懸命な児童の姿が感動を呼ぶに至ったものと思われる。

スリム化の中ではあったが、一九八一年、華やかさと体育的要素を併せもつ競技がファンファーレとともに登場した(同九五号　一九八五年一二月)。附小競輪である。今やマストのぼりとともに、附小名物として確固とした位置を占めている。このような名物競技にも彩を得て、附属小学校の大運動会は、魅力をもって見る者をひきつけているのである。

（『なにわいばら』一七九号　二〇一三年一二月）

(8) 卒業生に贈る言葉―アンパンマンの歌

祝卒業。高知出身のやなせたかしさんが、願いをこめて創ったアンパンマンの歌に、「何のために生まれて、何をして生きるのか」ということばがあります。附属小学校を卒業した皆さんは、少年期から青年期へと成長していく中で、自分らしく、価値ある生き方を考えるにちがいありません。自己実現に努め、一人ひとりが自分を伸ばしていくことを心から願っています。

（『なにわいばら』一八〇号　二〇一四年三月）

(9) ご挨拶―二期目を迎えて―

本年四月から、附属小学校の校長としての勤務も二期目を迎え、三年目に入りました。これも保護者の皆様、ならびに教職員のお蔭と有難く思っているところです。

振り返れば、保護者の皆様の教育に寄せる関心の高さ、附小の教育への積極的なご支援、ご協力、加えて児童の健やかに成長していく姿にも、感じ入ることの多い二年間でした。心からお礼を申し上げます。

今後、附小のさらなる発展、充実を願い、以下の三点について優先的に取り組みたいと思います。まず、児童の豊かな成長に向けての教育です。時代の激しい変化の中で、求められる児童像も変わってきています。心身のたくましさとともに、高い思考力、判断力、表現力を育成するための教育を効果的に改善したいと考えます。また、命を守る防災体制、防災教育は、切実な課題です。この点は四国の附属学校園と比べても十分とは言えず、早急に取り組む必要があると考えます。さらに、幼・小・中の一貫教育の充実です。附属学校園の連携を強め、一貫教育をとおして児童の健やかな成長を確かにしたいと思います。

今後ともに、一層のご支援、ご協力いただきますよう、よろしくお願いいたします。

(『なにわいばら』一八一号　二〇一四年七月)

(10) 小学校時代に好きだった遊び

高知との県境に近い、愛媛の山に囲まれた町に生まれた。三〇センチ以上の雪が年に何回か積もった。かまくらを作って遊んだこともあった。そのような地域だから、雪が降るとスキーをして遊んだ。孟宗竹を背の高さくらいに切り、真っ二つに割る。足を置くところを除き、節を落として、先端を火であぶり、曲げる。それでスキーの出来上がりだ。細身の竹をストックにして、下り坂を滑り降りる。転ぶのもまた楽しい。懐かしい思い出だ。

(『なにわいばら』一八一号　二〇一四年七月)

(11) 伸びゆく姿―大運動会―

一〇月五日（日）の運動会の決行は、難しい判断であった。台風一八号が迫っていた中での開催であった。プログラムを一部カットして急いだが、昼前から強い雨が降った。強風を恐れてテントを畳んでいたことが裏目に出て、児童全員が体育館で雨宿りし、雨の止むのを待った。しかし、雨は断続して降り、ついに中止を決定した。児童と保護者は、雨を避けて昼食を取り、昼過ぎに解散となった。続きは、七日（火）に再開された。

児童は、台風に動揺することもなく、集中して走り、登り、踊り、組み、紅白に分かれて爽やかに競い合った。簡素ながら、マスト登りなど伝統種目、附小けいりんなどの独自の種目があり、変化の中に華やぎもある。新しく係りを任された四年生も、係りをこなす中で伸びていく。四年生の一人は、「楽しかった大運動会」と題して、次のように述べている。「今日、大運動会でした。僕が自分の競技で一番楽しかったのはマストとダンスです。／マストは、最初ぜんぜんのぼれなかったけど、練習してのぼれるようになりました。びっくりしたのは、四年生がいすなど使わなくてものぼれたことです。（中略）／他の学年ですごいと思ったのは、組み体操です。／ぼくはちゃんと自分の係りもできました。お母さんに／『がんばったね。』／と言ってもらいました。うれしかったです。／また来年も頑張りたいです。」嬉しさや誇らしさが素直に書かれ、伸びゆく姿が窺える。

優勝した白組応援団長は、「優勝して本当にうれしかったです。一生の記念になりました。」と述べ、赤組団長は、準優勝ながら、「みんながんばった努力の結晶」と書いている。六年生らしいコメントに成長ぶりが窺われる。学校行事の楽しみな一面である。

（『なにわいばら』一八二号　二〇一四年一二月）

(12)　夢と理想の実現を求めて

祝卒業。二〇一四年度で印象深かったのは、マララさんの最年少ノーベル平和賞受賞です。自らの命の危険も顧みず、自らの理想とする、子どもの教育の権利を主張し続ける姿が心を打ちます。

卒業する皆さんが生きていくのは、急激な変化の時代です。困難なことも多いでしょうが、夢と理想を実現できるよう、しっかりと生き抜いてほしいと思います。

（『なにわいばら』一八六号　二〇一五年三月）

(13)　ご挨拶 ― 子どもの未来を見すえて ―

早いもので、今年度、校長就任以来、四年目を迎えました。保護者の皆様には、附属小学校の教育研究にご理解、ご協力いただき、深く感謝申し上げます。

このところ実感されるのは、学校教育の変化の速さです。それは、社会の変化の激しさを反映しています。社会の情報化は、教育への電子機器の導入とともに、メディアリテラシーの教育を求めています。グローバル化は、外国語教育の導入に、社会規範の希薄化と乱れは、道徳教育の強化に及んでいます。次期学習指導要領では、外国語、道徳の教科化が確実視されています。

附属小学校では、これらの変化に対応し、そのための効果的な教育の研究を鋭意進めているところです。しかし、大切なのは、未来を生きる子どもたちに必要な力を視野に入れた教育をしっかり行うことだと思います。子どもたちに必要なのは、思考力、判断力、表現力を基盤とした自己学習力であろうと思います。自己学習力の中核には、問題解決のための情報操作力が据えられると考えます。加えて、私たちは、他者とともに生き、命を守る力を育成する人権教育、防災教育にも力を入れる必要があります。これらの未来を生きる力を、幼・小・中一貫カリキュラムの中で、しっかりと育てていきたいと思います。

皆様の一層のご理解、ご支援をお願い申し上げて、私のご挨拶と致します。

（『なにわいばら』一八四号　二〇一五年七月）

(14) 給食の思い出 ― 苦手だった二つのもの

私が食べたのは、昭和三〇年代の給食。アルミの食器にコッペパンと副食一皿、それに脱脂粉乳が定番。嫌いなものが二つ。一つは、出汁に使われたうまみのないジャコ天。吐き気と戦いながら飲み込んだ。もう一つは脱脂粉乳。焦げたむかつく匂いとざらっとした舌触り。鼻をつまんで飲んだ。給食と聞けば、いつも二つを思い出す。

（『なにわいばら』一八四号　二〇一五年七月）

(15) 水泳大会 ― 弾ける笑顔の水泳大会

今年の水泳大会は、天候に恵まれ、九月四日（金）高学年、七日（月）中学年、八日（火）低学年と順調に行われた。私は日程調整の結果、中学年の水泳大会を参観した。曇りがちでやや肌寒くはあったが、児童の熱気で、楽しく素晴らしい大会になった。

「電車競争」や「押せ押せリレー」などの団体競技は、上級学年だけあって四年生がうまさを見せ、泳ぎに勢いもあった。「二五メートルに挑戦」では、三年生がクロール、四年生が平泳ぎに挑戦したが、すでにかなりうまく、速く泳げる者もいて感心した。上達途上の者も途中であきらめることなく泳ぎ切った。その姿に見ている者は感動させられた。

もっとも盛り上がったのは、対抗リレーであった。各学年、各組から選ばれた選手だけに、中学年とは思えない素晴らしい泳ぎを見せてくれた。クラスで、赤組白組で競り合う姿に大きな声援が飛び、勝利チームに大きな拍手が湧いた。四年生のC・Aさんは、リレーの時の自分の泳ぎを、作文で「泳ぐときみんなの声えんで魚になったようになりました。」と表現した。N・Yさんは、「〇〇（名前）ちゃん、パチパチパチ（拍手）」という応援の繰り返しで「クラスが一つまとまりになって、きょうぎや応えんで四Cの絆が深まった気がしました。」と振り返っている。

進行がスムーズで、プログラムは早く終わった。そこで番外に「うずまき」と「自由水泳」を全員で楽しんだ。児童の弾けるような笑顔が、深く印象に残った水泳大会であった。

（『なにわいばら』一八五号　二〇一五年一二月）

(16) 失敗を恐れず、人とともに豊かに生きる

祝卒業。皆さんが卒業する二〇一五年度には、梶田隆章東京大学教授（物理学賞）と大村智北里大学特別栄誉教授（医学生理学賞）の二人がノーベル賞を受賞しました。その内、大村智教授は、寄生虫感染症から人々を救うイベルメクチンを開発し、年間三億人の人々を救っています。ノーベル賞受賞は誰もができることではありませんが、大村智教授の「人のためになることを」という志、「失敗に学ぶ」という姿勢に学ぶことは誰にでもできます。失敗を恐れずチャレンジし、人のためを思い、人とともに豊かに生きることができればすばらしいと思います。私もまた、大村智教授に学びたいと思います。皆さんの前途を祝し、お祝いのことばとします。

（二〇一六年三月一七日）

五　教友会の皆さんとともに

1　教育の歴史に学ぶ ― 不易と流行（二〇一二年度）

(1) 教育の歴史に学ぶ ― 教育の不易と流行

本日は、私どものために歓送迎会を開いて下さり、有難うございました。心からお礼を申し上げます。皆様は、在職時にあっては、高知大学教育学部附属小学校の教育の発展に貢献されました。また、退職なさって後も、附属小学校の教育の振興に継続してご尽力下さっています。敬意を表すとともに、深く感謝申し上げたいと存じます。

さて、私は、国語教育学を専攻していますが、特に国語教育の歴史を研究しています。歴史に興味を持っていますので、附属小学校の歴史についても知りたいと思います。先日、資料があるかと研究部の部屋を訪ねました。しかし、研究紀要の類があるばかりでした。それらも一つの重要な資料ですが、他には目につくものがありませんでした。幸いに、附属のことをよく知る先生方がいらっしゃいます。多くのことをお教え下さり、また、資料などもお持ちであればお見せいただきたいと思います。

時代は変わり、教育の方法も変わりました。しかし、教育には不易もあります。附属小学校の歴史に学び、先生方の打ち込んで来られた教育の不易に学びたいと思います。

今後とも、どうぞよろしくお願い致します。

（教友会主催の歓送迎会における挨拶　二〇一二年五月二九日）

(2) よき伝統を生かしつつ

皆様、本日は、附属小学校教友会総会に、多数ご出席下さり、有難うございました。本年四月、前神谷一成校長先生の後任として参りました渡辺春美と申します。本来ならば、出席の上、じかにご挨拶申し上げるべきところ、本日、余儀ない仕事があり、書面にてご挨拶申し上げます。

皆様には、日頃から、本校の教育・研究にご尽力、ご協力くださり有難く存じます。皆様のお蔭をもちまして、教職員一同、本校の教育・研究の充実に力を注いでいるところです。重ねてお礼を申し上げます。

さて、現在、附属小学校は、いくつかの課題を抱えています。高い学力と豊かな心、健康で逞しい身体を持った児童をどのように育成するかといった教育上の課題は、いわば、不変の課題とも言えます。

そのような課題に加えて、大学との研究上の連携、附属幼稚園・小・中学校の連携、地域の教育機関との連携と地域のモデル校としての役割の推進など、今日強く求められるに至った課題もあり、さらには命に関わる防災教育の課題も切実です。

今後、私たちは、教友会の皆様の育まれた、附属小学校の長き、良き伝統を生かしつつ、確かな計画のもとにこれらの課題に取り組み、求められる使命に応え、教育・研究を充実させていかねばなりません。

教友会の皆様には、長年に亘る経験と附属小学校への思いを基に、今後とも、ご指導、ご支援、ご鞭撻をいただきたく、ここに改めてお願い申し上げます。
意を尽くせませんが、これをもってご挨拶に代えさせていただきます。

（二〇一二年度附属小学校教友会〈挨拶文〉二〇一二年一二月八日）

(3) 課題としての伝統の継承と発展

皆様、今晩は。

日ごろから、附属小学校のために、さまざまにご尽力くださり、ありがとうございます。心から、お礼を申し上げます。

教友会の皆様の附属小学校におけるご活躍等につきましては、直接お見えになった時にお聞きしたり、『教えの泉』によってうかがい知るということですが、今後ともに、附属小学校の教育のためにご協力、ご指導いただきますようお願い申します。

附属小学校では、これから数年で、これまで、附属の教育の柱として活躍していただいている先生方の多くを県のほうに戻さねばならないということになります。附属小学校の教育の弱体化につながりはしないかと心配されます。それだけに、附属のよき伝統を、どう、受け継ぎ発展させるかが問われると思います。

皆様方には、今後ともにお元気で、ご協力、ご指導いただきますよう重ねてお願い申し上げまして、ご挨拶といたします。

（教友会運営委員会挨拶　二〇一三年三月四日）

2　転換期の附属小学校の教育（二〇一三年度）

(1) 流動的な社会の教育的要求や地域の教育課題への対応を―

皆様、今日は。校長の渡辺春美と申します。

皆様には、附小を離れられた後も、附小の教育に心を寄せて下さり、学校行事、研究大会等にご参加いただき、ありがとうございます。皆様のご参加が、教職員一同の励みともなっています。折々に、たくさんのご助言、ご指導をいただきますことも、ありがたく、この場を借りて深くお礼を申し上げます。

さて、附属小学校は、現在、さまざまのことに取り組もうとしているところです。効果的な教育、教育実習を含めた教員養成に関する実践的な研究は附属の使命でもありますが、なお研究、改善の余地があろうかと思います。他に、幼・小・中・大、および地域との連携による研究の推進、特別支援を要する児童への対処と研究体制の確立、命を守る防災教育と防災体制の整備、教員自身の研修、研究体制の充実などがあります。

また、根本的な問題として教員の組織問題があります。県との協定のもとに人事交流の年限は五年から一〇年までとなり、次々と入れ替わることになります。今後、附小を支える教員組織が根幹から揺らぎかねないという事態が危惧されるところです。そのためにこれからは大学採用の人事も必要と考えられ、大学採用人事をスタートさせたところです。教育に課題はつきものですが、流動的な社会の教育的要求や地域の教育課題に応えていくことが求められています。附小は、現在、転換期にさしかかっているといえるかもしれません。

後ほど、副校長や担当者から報告があると思います。さまざまにご意見をいただければありがたく存じます。本日は、講演も予定されています。健康的な生活に関して新たな示唆をいただければありがたい限りです。

皆様には、今後ともに附小に心をお寄せいただき、忌憚のないご助言、ご指導をいただくとともに、変わらぬご支援をいただきたいと思います。以上をもってご挨拶と致します。

（二〇一三年度附属小学校教友会総会挨拶　二〇一三年一二月七日）

3　過渡期にある附属小学校（二〇一四年度）

(1) 過渡期にある附属小学校

先週土曜日に、複式教育研究協議会が開催され、埼玉県からの一一名を含む一〇九名を集めて、盛会のうちに終えることができました。教友会の皆様には、励ましの差し入れをいただいたり、直接ご参加下さって、お力添えをいただいたり致しました。この場を借りて、お礼を申し上げます。

さて、附属小学校が過渡期にあることは、昨年も申し上げました。管理運営面では、設置者の大学による運営体制の整備強化、教員評価の導入、幼小中の連携体制の確立が求められています。また、教育研究面では、発達障害の児童の支援研究、外国語、道徳の教科化の研究も必要となっています。児童の質が変わり、保護者の質も変わりつつあると思います。さらには、運営交付金の削減による運営資金の窮乏といったこともあります。附小は、たくさんの課題を抱えているのが現状です。

そのような中でも、教職員は、ほんとうに熱心に、誠実果敢に取り組んでいると思います。その姿は、私には尊いものに思えます。頭の下がる思いがいたします。私にとっては大きな救いとなっています。今年度は、明るい話として、藤田究教頭が、文部科学省最優秀教員表彰を受けることが内定しました。一月には表彰されるために文部科学省に行く予定になっています。私もうれしく思っているところです。

教友会の皆様には、どうぞ、今後とも、見守り、お力添えをいただきますようお願い申し上げて、ご挨拶と致します。（二〇一四年度教友会総会挨拶　二〇一四年一一月六日）

4　緋寒桜の咲く頃（二〇一五年度）

(1) 附小の教育の進展のために

今朝のテレビで大学改革がニュースになっていました。大学を地域貢献型、特定分野型、国際水準型の三類型に分けて競合させ、運営交付金を配分するということのようです。大学改革は一例で、二一世紀に入り、少子高齢・グローバル化、情報化、技術革新など急激な時代社会の変化の中で、教員の資質向上・教育課程・評価などから急速な教育改革の波に襲われるようになったと思います。

初等・中等教育においても、次期学習指導要領策定のための「論点整理」が教育課程企画特別部会で行われました。そこでは、21世紀を生きる人間像とその資質が検討され、それに応えるための学校像、教科と教育方法などが方向付けられています。新たに道徳・外国語の教科化が確実視され、方法としてのアクティヴ・ラーニングは新たな知の構成と知の創造のための学びの方法として継続強化されることになりそうです。

このような中で、附属小学校の社会における責務はますます大きくなると思います。時代の流行に流されず、歴史に学びつつ時代を見据え、不易は不易として、慎重かつ大胆に実践研究を進め、実践的提言をしていく必要があると思います。その意味では、まだまだ課題もあり、アピール不足もあってさらなる発展が望まれます。

教友会の皆様にも、附小の教育研究の進展のために、豊富な経験を生かしてご支援いただきますようお願いして、ご挨拶といたします。

（二〇一五年度教友会総会挨拶　二〇一五年一二月六日）

(2) 緋寒桜の咲く頃

附属小学校の中庭に緋寒桜が昨年末から咲き続ける中で、やがて紅白の梅が咲いて、桜と梅が共存して、目を楽しませてくれました。その緋寒桜は毎年、学習指導研究発表会の折に咲きますが、これで四回目を迎え、校長としてはこれが最後ということになりました。感慨深く思ったことでした。本日は、教友会の役員会でお祝いの会をしていただくことで、ありがたく嬉しく思ったことでした。また、教友会会長の森田道明先生からは、過分のことばをいただき、恐縮しているところです。

さて、四年前の四月に附属小学校の校長として着任した折は、不安もあり、四年間という先が長く思われていましたが、もう任期も残り少なくなりました。校長として、やりたいことが無かったわけではありませんが、結局のところ、慌ただしさの中に埋もれて、何もできぬままに退任することになりました。

しかし、私としては、附小教員の熱心な仕事ぶり、ＯＢの皆様の附小に対する思いを目の当たりに見て、感じ入ることがたびたびありました。感激し、感動し、感銘を受け、啓発されることの連続であったと言えるかと思います。子どもたちにもたくさんの元気をもらいました。この四年間、私は、附小の教員の仲間になるべく、教員の傍らに立ち続けることを願ってきました。お陰で充実した時間を送ることができました。皆様にも深く感謝申します。

四月からは、高知を離れますが、この縁は、私にとって大切なものとなっています。高知に来させていただくこともあろうかと思います。どうぞ、今後とよろしくお願い申します。

（二〇一六年度教友会挨拶　二〇一六年二月一八日）

六　研究の推進を求めて

（一）研究の交流を求めて

1　豊かな学びを育む授業づくり（二〇一二年度）

(1) 関わり合いを楽しみながら、共に高まる子をめざして

皆さん、今日は。主催者を代表して、ご挨拶申し上げます。

本日は、本校の第四一回　複式教育研究会に多数ご参加下さり有難うございました。お忙しい時間を割いておいで下さった、助言者、パネラーの先生方、そして、附属小学校OBの先生方にも深く感謝申し上げます。皆様のご参加、ご協力によって、本研究会が、実り多いものになればと存じます。

本校の複式教育研究会は、昭和四五年に始まり、途中、昭和五五年と平成一九年とに、校舎の増築、改修によって休止した以外、四〇年の長きにわたって開催して参りました。それぞれの年にテーマを掲げて研究を積み上げて参りましたが、それを概観しますと、二つの流れがあると思われます。一つは、複式の特性をどう生かすかという研究であり、もう一つは、どう主体的な学習者を育てるかという研究です。

今年のテーマは、「関わり合いを楽しみながら、共に高まる子をめざして」で、昨年から二年越しのテーマになっています。この研究も、二つの研究の延長に位置づけられると

思いますが、その特色は、児童の関わり合いによって、児童の興味・関心、問題意識、学習の見通しを明確にし、間接指導を生かし、児童をより主体的にするとともに、学びを深めていくというところにあるといえるかと思います。

午前中に国語科、生活科、理科の授業が行われ、それぞれに有意義な研究協議が行われました。これから算数の授業と授業をめぐってパネルディスカッションが行われます。よって立つ理論と授業実践の有効性を、皆様とともに検討していただき、成果と課題が明らかになれば、ありがたく存じます。どうぞ、よろしくお願い致します。

（第四一回複式教育研究会挨拶　二〇一二年一二月一日）

(2) どの子も活動し、豊かな学びを育む授業づくり

皆様、お早うございます。

雨は上がりましたものの、足下のなお悪い中、早朝から第六三回学習指導研究会に、県内外から多数お集まり下さり、有難うございました。本日、気温も上昇するようで、朝、参りますと、本校、中庭の桜がほころびていることに気づきました。あまりに早い開花に驚きもします。ぜひ、皆様にもご覧いただければと存じます。

さて、本研究会のテーマは、「『どの子も』活動し、豊かな学びを育む授業づくり ― 追求のエネルギーを誘発し増大させていく働きかけを通して ―」としています。その趣旨は、

学習の主体が子どもであることを確認し、子どもが内発的に意欲に駆られて対象に関わり、すべての子どもが協働的に問題解決に関わる学びを創造することにあります。その学びを通して、子どもたちの技能を高め、知識を広げ、認識を深めたいと考えています。このテーマを掲げて、一年間鋭意授業研究を継続して参りました。個々に、また教科別に研究授業を行うとともに、全体授業研究会を学期に三・四回行い、テーマに関わる研究を進めて参りました。本日は、その集大成として、午前中に、公開授業Ⅰ・Ⅱ、午後には提案授業を皆様にご覧いただきたいと存じます。

皆様に授業をご覧いただき、研究協議等を通して、忌憚のないご質問、ご意見をいただくことを通して、この研究大会を充実した意義あるものにしたく存じます。

本日は、早朝から、助言や講演をいただくために講師の方々にもおいでいただきました。また、本校のＰＴＡの皆様にも、本研究会の運営を支えていただいています。皆様に深く感謝申し上げて、ご挨拶に代えさせていただきます。

それでは、皆様、どうぞ、よろしくお願い致します。

（第六三回学習指導研究発表会　二〇一三年二月二日）

2　楽しみながら共に高まる授業づくり（二〇一三年度）

(1) かかわり合うことを楽しみながら、共に高まる子どもをめざして

第四二回複式研究協議会に多数ご参加くださいまして、有難うございました。また、指導・助言等をいただく講師の先生方、司会を担当していただく先生方にも、この場を借りてお礼申し上げます。

本会のテーマは、一昨年からの継続で「かかわり合うことを楽しみながら、共に高まる子どもをめざして」です。テーマを継続し、課題を解決していく中で、次第に複式の実践研究が深まってきているものと考えています。

本テーマに基づく授業は、スタートとゴールのそれぞれへの支援を重視しています。スタート時の課題への向き合い方は、個々の児童によって異なっていますが、児童同士がかかわり合う中で、異なりを自覚しつつ、取り組むべき課題への意識を明確にし、課題解決の方法を探りながらスタートしていきます。スタートをスムーズに切ることによって自力学習が充実したものとなります。

ゴールは、追求過程で得た児童それぞれの理解を表現を通して関わり合わせ、理解の深化を図るというものです。

スタートとゴールを貫いているのは表現・記述で、可視化することによって児童の関わ

りを促し、理解を深めるとともに、「わたり」による支援を確かなものにしようとするものです。

このようなねらいによって、大会テーマが設定されていますが、それを具体的な授業を通して皆さんに公開、提案させていただき、ご指導、ご助言をいただきたいと存じます。参会の皆様相互に、また、私どもと関わり合うことを楽しんでいただきながら、共に高まる協議会であればよいと期待しています。

この後、複式学級の児童による創作ミュージカルもございます。お楽しみいただければ幸いです。これをもってご挨拶と致します。

（第四二回複式教育研究協議会　二〇一三年一一月三〇日）

(2) 考え、表現する子どもを育てる授業づくり

皆様、お早うございます。

第六四回学習指導研究発表会に多数ご参加くださり有難うございます。また、本日、ご指導、ご助言いただきます講師の先生方にも早朝からおいでくださいました。加えて、本校のＰＴＡの皆様にも、早朝から本会の運営にご協力いただいています。ここに深く感謝申しますとともに、この場を借りてお礼申し上げます。

さて、今年度は、研究主題を「考え、表現する子どもを育てる授業づくり」とし、副題

を「子どもがねらいに向かうための教師の働きかけを通して」を掲げています。この研究主題は、本校の課題でもあり、また、二〇〇八年改訂の学習指導要領で育成すべき中心的学力とされる思考力・判断力・表現力の育成を目指して設定されたものです。

この主題に基づき、授業づくりは、子どもが対象に出会った時の、曖昧で断片的な反応である「表出」から、ねらいに向かって追究することによって深められた認識に基づく「表現」にいたる過程として構想しています。表出から表現に至る過程で、子どもたちが、ねらいに基き、比較、分類、選択、関係づけなどの思考活動を行い、学力をつけるとともに、認識を深め合い、理解を確かにし、表現するにいたる過程を想定するものです。この基本的な認識の基に、各教科は、それぞれの特質を生かしながら授業づくりの研究を進めてまいりました。本日は、一年にわたる研究の成果を踏まえ、午前中の公開授業①・②、および午後の提案授業において発表したいと考えます。

皆様には、授業をご覧いただき、研究協議等を通して、遠慮のないご質問、ご意見をいただければと存じます。この研究大会が切磋琢磨する中で充実したものになることを期待しまして、ご挨拶に代えさせていただきます。

それでは、皆様、どうぞ、よろしくお願い致します。

（第六四回学習指導研究発表会　二〇一四年二月一日）

3　いきいきと活動する子どもの育つ授業づくり（二〇一四年度）

(1)　いきいきと活動する子どもの育つ授業づくり

第四三回複式教育研究協議会に、早朝から多数ご参加いただき有難うございます。

ご指導・ご助言等をいただく講師の先生方、また、司会を担当していただく先生方にも深く感謝申し上げます。

本校は、九月にJICAの企画で「へき地教育」の一環として、国外から一九名の方々が複式教育の視察に訪れるということがありました。少子化の進行で全国的にも新たに複式学級も設置されているようで、関心が高まっているところもあります。本日も、県内のみならず遠路おいで下さった先生方もいらっしゃいます。重ねてお礼を申します。

さて、本年の研究テーマは、「いきいきと活動する子どもをめざして」となっています。生き生きと活動するために、教師の支援としては、前段階で、課題をとらえて「かかわり合いながら、子どもが動き出せるようにすること」と、後段階で「かかわりあいながら、考えが深まるようにすること」の二つが大事だと考えました。この二点においてしっかり支援し、あとは自力学習による活動に生き生きと取り組ませたいと考えています。授業は、この点をポイントとしてご覧いただき、後ほど忌憚のないご意見をいただくことで研究が深まることを期待したいと思います。

この後、複式学級低・中・高学年の児童がそろってミュージカルを演じます。一生懸命取り組んできましたので、どうぞ、お楽しみいただきたいと存じます。

それでは、午後の部もどうぞよろしくお願いいたします。

（第四三回複式教育研究協議会　二〇一四年一一月二九日）

(2) 対話による働きかけ

立春を過ぎてなお寒い日が続きますが、本校の中庭には緋寒桜が三分咲きになっています。寒さ厳しくとも春遠からじ、といったところかと存じます。

さて、第六五回学習指導研究会に多数ご参加いただき、有難うございます。遠く北海道、また鹿児島から参加された方もいらっしゃり、また幼稚園から高等学校まで校種も多様になっています。また、講師の先生方、司会・パネラーの先生方にもこの場を借りてお礼を申し上げます。さらに本日は、保護者の皆様にもお手伝いいただいています。ご紹介申し上げてお礼としたく存じます。

今年度は、外国語・道徳の提案授業を入れ、二日にわたって開催しています。本日は二日目ということになります。

本研究の中心は、児童の思考力育成の方法と、教師の支援の方法の二点にあります。この両者の根底にあるのが「対話」です。教師は、「対話」を通して児童に働きかけ、まず、児童を相互に関わらせつつ関心を引き出し、課題を明確にさせます。これが第一段階。ついで児童相互の対話・交流を通して、見通しを持たせて取り組ませて課題解決に導くよう支援いたします。これが第二段階で、このように、教師の対話による働きかけは、大きくは二段階に設定されています。本年度の研究では、対話による思考力の育成に関して、先行研究を参照して、思考力の要素を取り出し、それを「思考の言葉」として授業で用いるようにしています。①比較…「比較すると、～どんなことが分かりますか」とか、②類別…「集めたものをこういう点から見ると、何と何が仲間になるかな」といったことです。後から研究部長が説明申しますが、授業の一つの見どころになろうかと思います。

ご参加の皆様には、授業後の研究協議等で、ぜひご質問、ご意見をいただき、本研究会の充実にご協力いただければと存じます。どうぞ本日もよろしくお願いいたします。

（第六五回学習指導研究発表会挨拶　二〇一五年二月七日）

4　考え、表現する子どもを育てる授業づくり（二〇一五年度）

(1) 子どもの興味・関心を引き出し、展開する授業の創造 ―

二日にわたる夏季学習交流会は、二〇〇名を超える参加者があり、盛会のうちに終えることができました。また、この懇親会には、講師の先生方、交流会に参加の皆様も、おいで下さっています。心から感謝申します。

先生方には、研究授業、研究発表、ワークショップとお疲れでした。私も、できるだけ、参加させていただき、多くを学ばせていただきました。

これは外国語活動の授業でも話題になりましたが、児童の興味・関心をどのように引き出すかが、改めて大事だと思いました。興味・関心が質の高い学習を成立させる基本になると思います。次に、興味・関心をどのように学習の展開に結びつけるかが問われます。そのような学習の過程でどのような学力を育むかが明確にされる必要があるかと思います。このように、授業を拝見しながら、多くのことを考え、気づかされたと有難く思います。

これからのひと時は、大いに歓談し、情報を交換し、心を通わせて、楽しく充実したものにしてほしく思います。

これをもってご挨拶と致します。

（夏季学習交流会懇親会　二〇一五年八月八日）

(2) 一人ひとりが表現できる少人数学級のよさを生かして

昭和四五（一九七〇）年に始まった、複式教育研究協議会も、皆様方のお陰をもちまして、今年は四四回目を迎えることができました。本年度も各地から多数の方々にご参加くださり、ありがとうございました。

本年度は、研究テーマ「いきいきと活動する子どもをめざして」を昨年から引き継ぎ、新たに副題を「一人ひとりが表現できる少人数学級のよさを生かして」として研究に取り組んで参りました。研究の特色は、次の点にあると思います。

○基本姿勢

①異学年、少人数という複式学級の実態を、一人ひとりの学びの成立の好条件としてとらえること。

②学習者を学びを創造する学習主体としてとらえ、生かすこと。

○指導方法

③同学年間、異学年間の学習者の対話交流による、主体的学びの深化を目指すこと。

④一人一人の学びを表現に生かすこと。

⑤教師は支援に徹し、とりわけ学習者に学習の見通しをもたせる場面と深める場面の支援に徹すること。

⑥異学年間の計画的な「教師のわたり」に加え、子どもの学びの展開によって求められる「子どもにとってのわたり」を重視すること。そのために子どもの学びを可視化すること。

この研究協議会は実践による提案を要としています。研究の特色が、授業の中でどのように具体化しているかご覧いただきたいと思います。カリキュラムやつけるべき力の明確化など、まだまだ不十分な点も多くありますが、皆様の疑問、ご意見を、複式教育の発展のために、お聞かせいただければ幸いです。
この後、複式学級の児童によるミュージカル「夢のしずく」が上演されます。どうぞ、お楽しみにお待ちください。それでは、本日、どうぞ、よろしくお願いいたします。

（第四四回複式教育研究協議会挨拶　二〇一五年一一月二八日）

(3) 授業と研究協議に参加して

第四四回複式教育研究協議会の開催、先生方、お疲れでした。とりわけ複式学級の先生方は、一一月初旬の大音楽会のあと、授業作り、研究紀要作り、児童のミュージカル作りと多忙な時間を過ごし、本日の研究授業へとお骨折りいただきました。本日は一一〇名が県内外から参加し、盛会の内に終えることができました。

私は、三つの授業と研究協議一つに参加しました。川村百合先生の図工の授業は興味深いものでした。角材をノコで切った木片を持ってきてイメージを働かせ、作品を思い描く、さらに本日ノコで切って木片を補充し、さらにイメージを変更発展させ新たに作品を思い描く、そのような木片と児童の創造的な対話による作品作りが本日の授業内容でした。図工のクラスには兄弟ペアの制度があります。弟が兄を慕い兄は弟を気遣い世話をするといったことが木片をノコでひき、作品を創る過程で見られ、それを見ている先生の一人は、心温まる光景であったと述べていらっしゃいました。

また、高橋真先生の算数では、複式学級の六年生に、最初三人でリレーする場合の選手の順番が幾通りあるかを考えさせ、ついて、四人の場合を考えさせさせました。私のことばで言えば、これは基本から応用への段階的展開です。

複式の研究は、こうして少しずつ発展していっていると思われます。

これからは、先生方のねぎらいの時間です。楽しい時間にしていただければと思います。

本日は、本当にお疲れでした。

（第四四回複式教育研究協議会懇親会挨拶　二〇一五年一一月二八日）

(4) 考え、表現する子どもを育てる授業づくり

お気づきの方も多いと思いますが、中庭のヒカンザクラが、八分咲きになっています。今年は長く暖冬が続き、一二月から咲き始めて、もう一ヶ月以上咲き続けています。

さて、皆様には、ご多忙なところ、第六六回学習指導研究会にご参加いただき有難うございます。遠く県外からも多数参加していただき、皆様に深く感謝申し上げます。

本校の研究主題、「考え、表現する子どもを育てる授業づくり」に基づく実践研究は、二〇一三年度に始まり、二〇一五年度の今年は、三年次を迎えました。

三年にわたる本研究には、二つの柱があります。

一つは、思考力・表現力育成の方法の研究です。①初年度の思考力の分析→②思考力を

働かせるために子どもにかけることばの枠組みづくりとその試行（二つを比較すると・・・、これらの意見を分類すると・・・というように、思考を促すことばの枠組みです。）→③教科の特性を活かした思考力育成のためのことばの枠組み作りとその試行、と研究を進めてきました。子どもの表現力についても思考を促すことばの枠組みを利用することが行われました。

二つ目は、思考力・表現力育成の方法を効果的にし、学びを深めるための教師による支援方法の研究です。①曖昧で断片的な反応から、認識の深化を基にした表現にいたる学習の支援方法→②教師による個々の子どもの興味・関心・問題意識の喚起と方向付けから、主体的な子どもによる相互対話による学びの深化への支援方法→③子どもの興味・関心・問題意識の喚起を基本としつつ、教師の「見取り」と「ととのえ」による支援へと展開してきました。

本日は、この全体会のあと公開授業、提案授業が行われますが、研究主題がどのように授業作りに生かされているか、そしてその成果と課題について、研究協議の場でご意見をいただければありがたく存じます。

どうぞ、本日一日よろしくお願いいたします。

（第六六回学習指導研究会挨拶　二〇一六年二月六日）

（二）研究の集積を求めて

1　追究のエネルギーの誘発と増大

二〇一二年度、一年間にわたる研究の成果として、ここに『研究紀要』第六三号を刊行し、皆様にお届けすることができることとなりました。本年の研究テーマは、「『どの子も』活動し、豊かな学びを育む授業づくり ― 追究のエネルギーを誘発し増大させていく働きかけを通して―」です。このテーマを全教員が共有し、この一年間、鋭意、実践研究を進めて参りました。

二〇〇八年に改訂された新学習指導要領が全面実施されて二年が経とうとしています。学習指導要領改訂で明確化されたのは、何よりも学びの根幹となる学習意欲の重視であり、基礎的・基本的知識・技能の習得、ならびに、課題解決のための思考力・判断力・表現力の伸長であり、その集約としての生きる力の育成でした。この明確化された基本方針を、日々の教育の中でどう実現していくかが問われています。本校の研究は、この学習指導要領の基本方針に深く関わるものとなっています。

研究テーマは、これまでの研究の蓄積にも基づき、①学習の主体が子どもであることを確認し、②子どもが内発的な意欲に駆られて対象に関わり、③すべての子どもが協働的に問題解決に関わる学びを通して、④技能を高め、知識を身につけ、認識を深めることを求めたからに他なりません。このような学びによってこそ、基礎的・基本的知識・技能を身につけ、思考・判断・表現の能力を伸長させ、生きる力を育むことができるとの見通しに立つものです。

研究の方法は、工夫をして授業に臨み、その実際から実践的理論を練り上げていくものです。そのために、教科ごとに、また個々にも研究を進めるとともに、「全体授業研究」を各学期に三・四回設定し、全教員で厳しく授業を分析・考察しています。たとえば、この研究紀要には、「五年　国語科　教材名『大造じいさんとがん』」（第六回全体授業研究）について、「グループ司会と記録を立てて、一人ひとりが必ず自分の考えを発表しお互いの考えを交流する活動により、すべての子どもに追究のエネルギーを誘発することができた。三〇分以上にわたり、子どもたちが意欲的にそれぞれの立場から意見を述べる姿が見られた。」とした上で、事後検討における、次の意見が記されています。

『『もっと話したい！』『聞きたい！』と子どもたちが思いながら話し合い活動ができていた。しかし、ねらいにせまるための教師の働きかけが弱かった。ねらいにせまるためには、『新たな視点』が必要であり、ねらいにつなぐことができる意見への価値付けや評価が弱かった。」

このような事後検討時の意見を受けて、授業改善のポイントとして、次の点が見出されています。

○ねらいにせまるには、新たな視点を子どもたちに持たせる必要がある。そのために教師は、子どもの表現の中からねらいにせまる表現を価値付けたり何が明確になればよいのかを問いかけたりする。

本研究紀要は、右のように、テーマに基づき、授業を丹念に分析・考察し、実践から改善のポイント（工夫・理論）を汲み上げ、それを誠実に記述しています。

授業実践に課題が尽きることはありません。課題を見据え、改善していくためにも、皆様方から忌憚のないご意見、ご批判をいただきたく、お願いする次第です。また、今後とも、ご協力とともに、ご支援をいただきますよう重ねてお願い申し上げます。

（「巻頭言」『研究紀要』第六三号　二〇一二年度　高知大学教育学部附属小学校）

2　子どもがねらいに向かう教師の働きかけ

研究主題「考え、表現する子どもを育てる授業づくり〜子どもがねらいに向かうための教師の働きかけを通して〜」のもとに行った、二〇一三年度の実践研究の成果をまとめ、ここに『研究紀要』第六四号として刊行し、皆様にお届け致します。

本研究の主題は、学力実態として本校児童に不足しているとされる思考力・判断力・表現力の育成を目指して設定されたものです。それは、また、二〇〇八年改訂の学習指導要領で育成すべき中心的学力にも重なっています。学習指導要領は、①基礎的な知識技能の定着、②基礎・基本に基づき自ら考え、判断し、表現する力の育成、③学習意欲の喚起を重視しています。本校の研究テーマは、そのすべてに関わりますが、とりわけ中心としての②の「自ら考え、判断し、表現する力」の育成について、実践的に研究しようとするものです。

本主題は、昨年度の研究主題「『どの子も』活動し、豊かな学びを育む授業づくり」の課題を克服し、発展させることを求めたものです。

昨年度は、上記主題の基に、「追究のエネルギーを誘発し増大させていく働きかけ」を副主題に置き、それを指針として授業づくりの実践的研究を行いました。その成果として、教材（開発教材を含む）の提示や指導方法、指導過程の工夫、教師のコーディネイトによって、多くの子どもの追求のエネルギーを誘発し、子どもの活発な活動へと導くことができました。しかし、一方で、課題も明らかになってきました。子どもの変容していく過程のイメージが明確ではなかったという課題です。これは、一つには、追究の質と深さの問題があり、二つには、追究の過程でどのような学力をつけるかが共通理解として明確ではなかったという問題です。この課題を克服し、研究の発展を図り、課題とされる児童の学力育成のために本年度の主題が設定されたのでした。このように過去の実践研究の成果と課題を厳しく問うことで、子どもを育てるための具体的な理論と方法を導き出そうと取り組んできました。

今年度は、子どもの学びの姿として、学びに向かって動き出した子どもの曖昧で断片的な反応である「表出」と、追究によって深めた認識に基づいて行われる「表現」とを分け、学びの過程、子どもの変容の過程を「表出」から「表現」に至る過程ととらえています。すなわち、指導過程を、表出→模索→見通し→追究→認識の深化→表現ととらえているといえます。それは、子どもが表出したものをもとにしつつ、子どもどうしが交流しながら、比較、分類、選択を行い、必要なものを関係づけ、考えを共有することを通して、見通しを持ち、追究し、認識を深め合い、子どもそれぞれに理解を確かにし、表現するにいたる過程を想定するものです。この過程を通して認識を深め、思考力、判断力、表現力を育成しようと考えました。教師は、このような指導過程にどう関わり、どう支援するかが厳しく問われることになります。

このように本年度の研究主題の意味を共有した後、各教科ごとに教科の特質に基づき、それぞれに育成すべき子ども像を明確にし、興味・関心の喚起とともに、認識を深め、思考力・判断力・表現力を中心とした学力を高める授業づくりに取り組み、その成果と課題を本研究紀要に報告しています。

皆様には、どうぞ、本研究紀要をお読みいただき、厳しく授業の実際をご検討いただくとともに、研究方法とその報告のあり方も含めて、ご指導ご鞭撻いただければありがたく存じます。（「巻頭言」『研究紀要』第六三号　二〇一三年度　高知大学教育学部附属小学校）

3　対話による思考の深まり

二〇一四年度の実践研究の成果を『研究紀要』第六五号にまとめ、皆様にお届けいたします。

本年度の研究主題は、昨年度に引き続き「考え、表現する子どもを育てる授業づくり」とし、副題を変更して本年度は、「～『縦糸』と『横糸』の対話で子どもの思考を深める～」と致しました。

研究主題設定の理由は、①変化の激しい社会を生き抜くための「二一世紀型能力」育成の必要性、②本校児童の課題である思考力・判断力・表現力育成の必要性、③思考力育成のための教師の働きかけは、継続的な本校の研究課題であるのみならず県下の課題、という三点にあります。この内、①は、「二一世紀型能力」の中核とされる思考力に焦点化しようとするものです。①と②は、未来を生きる児童の能力育成の必要性による理由であり、③は、その育成のための、教師の授業方法に関わる理由となっています。思考力の育成は、中央教育審議会の答申（二〇一四年一二月二二日）でも強調されているところです。

本研究の中心は、児童の思考力育成の方法と、教師の支援の方法の二点にあります。この両者の根底にあるのが「対話」です。教師は、「対話」を通して児童に働きかけ、まず、児童を相互に関わらせつつ課題を明確にさせ、ついで見通しを持たせて取り組ませて課題解決に導きます。このように、教師の対話による働きかけは、大きくは二段階に設定されています。児童は、対話をとおして課題をつかみ、積極的に児童間で交流しつつ、解決の糸口を見いだし、解決に至ります。この学習の過程で思考力が身につくと考えられています。

本年度の研究では、対話による思考力の育成に関して、先行研究を参照して、思考力の要素を取り出し、それを「思考の方法とことば」として、次の通りに提示しています。

①比較・・・「○○と△△を比較して、その違いから～がわかる」「○○と△△を比較すると、～という共通点が見える」、②類別・整理・・・「～から見ると、○○と△△は仲間だ」「○○は、この表の～に入る」、③選択・・・「～だから、私は○○を選んだ」――（中略：渡辺）――㉔解釈・・・「これは～ということだろう」、㉕収集・・・「～から集めてみよう。Aは必要、Bは不要、Cは必要」、㉖創作・・・「～という工夫で、・・・をつくってみよう」

（『研究紀要』第六五号　6頁参照）

この「思考の方法とことば」を用いることで、教師の働きかけとしての対話の内容が明確になるとともに、児童もこのことばを用いることで思考力を身につけることが期待されています。これは、ことばによる枠組みを用いた思考力育成の方法的仮説とも言えるでしょう。こうした仮説を生み出すことに実践研究に携わる者の喜びがあるとも思われます。さらに、その整理、改善、構造化、カリキュラム化を行うとともに、実践を通して有効性を検証することが求められると思います。

今後の研究では、①実践研究に基づく幼・小・中一貫の思考力育成カリキュラム作りが求められると思います。また、②一時間の授業を中心とした実践研究（それも必要ですが）から、単元全体を視野に入れた思考力育成の研究へとシフトチェンジすることも期待されます。単元全体を視野に入れた研究によって、指導過程の研究も進むものと思います。思考力育成のためには、基本（教師中心のモデル学習）→応用（児童中心のグループ学習）→まとめ（児童によるグループ学習の発表）といったダイナミックな指導過程の中で、児童が夢中で取り組み、思考力を身につける授業を構想したいと思います。さらに、③思考を生み、思考力を育む教材・教具の開発も研究課題になろうかと思います。

教育において、とりわけ実践研究において、課題は尽きるところがありません。皆様には、本研究紀要をお読みいただき、厳しく、ご指導ご鞭撻いただければありがたく存じます。

（「巻頭言」『研究紀要』第六三号　二〇一四年度　高知大学教育学部附属小学校）

4　子どもがつながる学びの支援

本校の研究主題、「考え、表現する子どもを育てる授業づくり」に基づく実践研究は、二〇一三年度に始まり、二〇一五年度の今年は、三年次を迎えました。これまでの二年間の研究を省察し、成果を活かしつつ、副題を〈「見取り」「ととのえる」ことで、子どもがつながる学びへ〉として新たに研究に取り組んできました。その報告を『研究紀要』第六六号にまとめ、皆様にお届けいたします。

本研究の主題は、①本校児童の思考力・判断力・表現力に関する学習実態、②学習指導要領、「二一世紀型学力」の中心とも考えられる思考力育成の必要性から設定されたものです。これはまた、本校の教育目標にも重なり、地域の教育の課題でもあり、次期学習指導要領策定のための「論点整理」（二〇一五年八月二六日　教育課程企画特別部会報告）において、未来に生きる人間に必要である基本的な資質・能力としても育成が求められています。

副題については、これまでの研究の充実を求め「子どもが主体的に問題解決に立ち向かう姿勢」を重視し、子どもが対象と関わり、子ども相互が関わり合って深める学びを「つながる学び」として表現しています。そのような学びの支援のために、教師は、子どもの学習実態を「見取り」、学びを「ととのえる」ことが求められます。「ととのえる」には、興味・関心・問題意識の喚起と、学びを方向付けるための「整える」働きかけと、深まった学びの表現に関わる「調える」働きかけがあるとしています。

三年にわたる本研究には、二つの柱があります。(1)思考力・表現力育成の方法の研究、(2)思考力・表現力育成の方法を効果的にし、学びを深めるための教師による支援方法の研究の二つです。前者に関しては、①思考力の分析→②思考力を働かせるために子どもにかけることばの枠組みづくりとその試用→③教科の特性を活かした思考力育成のためのことばの枠組み作りとその試用、と研究を展開してきました。子どもの表現力についても思考を促すことばの枠組みを利用することが行われました。後者は、①曖昧で断片的な反応から、認識の深化を基にした表現にいたる学習の支援方法→②教師による個々の子どもの興味・関心・問題意識の喚起と方向付けから、主体的な子どもによる相互対話による学びの深化への支援方法→③前の②を基本としつつ、教師の「見取り」と「ととのえ」による支援へと展開してきました。

本年度社会科三学年は、小単元「工場で働く人と仕事」において「高知市にある、食卓になじみの深い卓上海苔の工場の仕事」を取り上げて学習しています。導入では、子どもたちの給食当番の写真と海苔工場で働く人の写真を比較し、工場の「衛生に気をつけるための工夫」に気づかせています。その上で、海苔工場の衛生の工夫を見つけようと問題意識を持たせ、工場見学を行いました。子どもたちは生き生きと活動し、班学習、全体学習をとおして様々な工夫を見つけ、驚き、感動しながら学びを深めています。全体学習では、衛生の工夫を「工場の設備」・「加工場」・「働いている人」に分類し、理由を推測し、学習を深めるに至っています。その成果は、子どもたちによる「新聞」という形にも表現されました。生き生きとした学習の中で思考力、表現力が育成されていることが実感されます。

この社会科の学習指導例を考えてみますと、思考力・表現力を育む学習が、教師の授業時の働きかけのみならず、①思考を生み、思考力を育む教材・教具の開発、②子どもを引きつけ学びに立ち向かわせる学習形態、指導過程、③さらには、地域の人材、学習材を活かした学びの場の創造、④カリキュラムの研究の必要性も示唆していると思われます。

今後は、これからの時代社会を生きる人間に必要とされる資質・能力を検討しつつ、さらに子どもたちが生き生きと学ぶことのできる学習指導のための実践研究を発展させていきたいと思います。

皆様には、どうぞ、忌憚のないご意見をお聞かせいただきますようお願い申し上げます。

（「巻頭言」『研究紀要』第六三号　二〇一五年度　高知大学教育学部附属小学校）

あとがき

私は、二〇一六年三月末日をもって高知大学教育学部を定年退職し、併せて四年間兼務した附属小学校校長を退任しました。

大学と附属小学校を退いた三月三一日（木）は、朝から慌ただしく過ぎていきました。雨は夕刻になって本降りになっていきました。諸用を済ませ、高知大学教育学部附属小学校二階の校長室で、最後の手書き書類を書き上げると、夜八時に近かったのが思い起こされます。残っていた藤田究教頭先生が最後の荷物を階下に運んでくださいました。渡り廊下の横につけた車に荷物を運び込み、激しい雨の中、そのまま附属小学校を後にし、自宅のある大阪に向かいました。様々なことが心に去来し、感慨を深くしました。

思い返せば、附属小学校には、前校長の神谷一成先生からの引き継ぎを終えて着任しました。神谷一成先生は、研究集会などに積極的にお見えになり、声をかけて励ましていただきました。附属小学校での一年目は、分からないことが多く、先生方の気心も分からぬまま、山岡大二副校長、鍵本治彦教頭を始めとする先生方に一つ一つ指示していただきながら仕事をこなしていくのがやっとでした。二年目からは、附属小学校において経験豊富な藤田究先生が教頭となり、心強く思われました。私自身も少しずつ様子が分かってきたように思います。三年目以降は、寺村雅子副校長が着任し、新風を吹き込んでいただきました。先生方の特徴や気持ちも分かってきて、先生方と軽い話をしたりすることも楽しくなってきました。一方、附属小学校の課題も次第に把握され、私もその対処に当たることが増えていったと思います。途方に暮れるようなことがなかったわけではありませんが、熱心で、すぐれた、そして爽やかな教師集団に支えられて仕事ができたことは幸せでした。また、附属小学校教友会の先生方、とりわけ会長の森田道明先生、会誌『教えの泉』の編集に長く携わって来られた刈谷武博先生を始めとする先生方には、附属小学校の歴史と教育の不易とともに、附属小学校に寄せる思いに学ばせて頂きました。私を励まし、支え、導いてくださったすべての先生方に心からお礼を申します。ＰＴＡの、役員を始めとする皆様にもご支援いただきました。教育を支える文化活動としての姿を見せていただいた思いがいたします。深く感謝申し上げます。

附属小学校の子どもたちの活気があり溌剌とした姿は、私をいつも元気づけてくれました。授業時の子どもの姿を見ることは、私の楽しみでもありました。

附属小学校を退任して、早くも五年の歳月が過ぎましたが、四年間の在職時に、思いを寄せて行った話しことばの実践は、私にとってかけがえのないものとなっています。その記録を集成して本書を刊行できたことを、嬉しく思います。

我が師、故野地潤家先生（広島大学名誉教授・鳴門教育大学元学長・同名誉教授）は、話しことばの研究とともに、生涯にわたって話しことばの実践を大切にされました。二一歳から始められた「話術目録」に、公的な場における九〇〇〇回を超える実践を記録されたそうです（先生から直接お聞きしました）。先生に学び、五二歳（二〇〇三年）から記録を始めた私は、古稀を前にして、先生の一〇分の一にも届かぬ状態（八九五回）です。話しことばの実践に導いてくださった先生に感謝するとともに、今後さらに、言語生活の実践者として一回一回を大切に、豊かな話しことばの実践を目指したいと思います。

本書の装幀は、京都ノートルダム女子大学現代人間学部こども教育学科の同僚の藤本陽三先生にお願いしました。先生が『こども教育ハンドブック』（二〇二〇年　こども教育学科編・刊）で手がけられた装幀に、私は強く惹かれました。本書の装幀を先生にぜひにとお願いいたしました。ご多忙の中に快諾いただき、版画の重ね刷りによって、このようにもすばらしい本にしてくださったことに深く感謝いたします。

本書の刊行にあたっては、『国語教育の創造』（二〇一六年）の出版に続き、南の風社の細迫節夫氏のお世話になりました。記してお礼を申します。

二〇二一年一月一二日

窓外に北山が遠く広がる京都ノートルダム女子大学の研究室にて

著者　渡辺　春美

[著者]

渡辺 春美（わたなべ はるみ）

1951年、愛媛県に生まれる。1969年愛媛県立宇和島東高等学校卒業。1973年、広島大学教育学部高等学校教員養成課程（体育科）卒業。1975年、同（国語科）卒業。1994年、鳴門教育大学大学院学校教育研究科　教科・領域教育専攻（言語系コース）修了。1975年4月、香川県大手前高等（中）学校、大阪府立岬高等学校、大阪府立和泉高等学校。1999年、沖縄国際大学文学部助教授、同総合文化学部教授。2007年4月、高知大学総合教育センター教授、高知大学教育研究部人文社会科学系教育学部門教授、高知大学教育学部附属小学校校長（兼任）を経て、2018年4月、京都ノートルダム女子大学現代人間学部こども教育学科特任教授。高知大学名誉教授、京都大学非常勤講師。博士（教育学・広島大学）。国語教育学専攻。全国大学国語教育学会、日本国語教育学会、日本文学協会、日本読書学会、日本教科教育学会、国語教育史学会、中国四国教育学会、九州国語教育学会会員。

・主な著書

『国語科授業活性化の探究―文学教材を中心に―』（1993年　溪水社）
『国語科授業活性化の探究Ⅱ―古典（古文）教材を中心に―』（1998年　溪水社）
『ディベート・ガイド』（共訳　2000年　溪水社）
『国語科授業活性化の探究Ⅲ―表現指導を中心に―』（2002年　溪水社）
『戦後古典教育論の研究―時枝誠記・荒木繁・益田勝実三氏を中心に―』（2004年　溪水社）
『戦後における中学校古典学習指導の考究』（2007年3月　溪水社）
『国語科教職課程の展開―国語科授業実践力の探究―』（編著　2006年　溪水社）
『小学校国語　教室熱中！「伝統的な言語文化」の言語活動アイデアBOOK』（編著　2012年　明治図書）
『国語教育の創造－国語科授業の活性化を求めて―』（2016年　南の風社）
『古典教育の創造―授業の活性化を求めて―』（2016年　溪水社）
『古典の授業―言語文化に親しむ―』（共編著　2017年　東洋館出版）
『「関係概念」に基づく古典教育の研究―古典教育活性化のための基礎論として―』（2018年　溪水社）

ことばをこころに
～私の話しことば実践の四年間～

発行日　2021 年 2 月 20 日
著　者　渡辺 春美
装　幀　藤本 陽三
発　行　南の風社
〒 780-8040　高知市神田東赤坂 2607-72
TEL：088-834-1488　FAX：088-834-5783
E-Mail：edit@minaminokaze.co.jp
URL：http://minaminokaze.co.jp/